LES 81

JOURS A SAINT MICHEL
UNE VICTOIRE ASSUREE

LES 81
JOURS A SAINT MICHEL
UNE VICTOIRE ASSUREE

PADRESITO RICKY

Library of Congress Control Number:		2010911698
ISBN:	Hardcover	978-1-4535-5595-8
	Softcover	978-1-4535-5594-1
	Ebook	978-1-4535-5596-5

This book was printed in the United States of America.

To order additional copies of this book, contact:
Xlibris Corporation
1-888-795-4274
www.Xlibris.com
Orders@Xlibris.com
85094

LES 81 JOURS À SAINT MICHEL

SANS LA FOI IL EST IMPOSSIBLE DE PLAIRE À DIEU (He 11,6)

Peut-être vous entendez parler pour la première fois des 81 jours de prière à Saint Michel. Ce livre est tout simplement le fruit d'une inspiration. Il ne reprend pas les exploits de Saint Michel. Nous ne traitons pas des témoignages des miracles opérés par l'Archange. Mais nous entendons plutôt vous introduire dans ce pèlerinage de grâce qui fait de vous un témoin.

Après avoir longtemps prié à travers les 30 jours du mois de Septembre en l'honneur de Saint Michel et faire des neuvaines à ce Saint ; j'ai commencé à faire l'expérience des 81 jours, qui représentent neuf neuvaines à Saint Michel. J'y ai pris goût après avoir été libéré de grandes difficultés. J'ai recommandé les 81 jours à d'autres personnes qui ont pu vivre à leur tour des choses miraculeuses dans leur vie. Des centaines de personnes sont guéries et des familles libérées.

Ces 81 jours non seulement nous induit dans une prière constante et persévérante, mais garde aussi votre esprit centré sur la réalisation anticipée de vos désirs .La méthode utilisée est plutôt visuelle et émotionnelle, remplie de foi, d'espérance et d'abandon volontaire. Elle réduit l'ennemi à sa plus faible expression dans ses attaques et lui rend craintif. Exemple: pour tout ce que vous demandez, visualisez d'abord une fin heureuse, célébrez déjà la victoire de Dieu dans votre vie, et ensuite abandonnez—vous sachant qu'un moyen, que vous ne connaissez peut-être pas encore, se créera pour le réaliser. Jésus dit : « Ayez foi en Dieu. En vérité je vous le dis, si quelqu'un dit à cette montagne: "Soulève toi et jette toi dans la mer", et s'il n'hésite pas dans son cœur, mais croit que ce qu'il dit va arriver cela lui sera accordé. C'est pourquoi je vous le dis : tout ce que vous demandez en priant, croyez que vous l'avez déjà reçu, et cela vous sera accordé » (Mc 11, 22-25).

Les neuf neuvaines à Saint Michel n'est pas un outil magique pour ceux qui doutent, mais un outil puissant qui conduit au miracle ou à une vie de pratique de foi de tous les jours. Vous devenez ce que vous pratiquez.

Deux choses importantes à savoir pour toute réussite ou succès :

1-Il faut savoir comment le faire.
2-Il faut le faire.

Sachez bien qu'il ya des gagnants et des perdants dans tous les domaines de la vie. Ce qui fait la différence peut être résumé en deux mots : la foi.

Jc1, 6 « Demandez avec foi, sans hésitation, car celui qui hésite ressemble au flot de la mer que le vent soulève et agite. Qu'il ne s'imagine pas cet homme là, recevoir quoi que ce soit du Seigneur. L'homme à l'âme partagée, inconstant dans toutes ses voies ! »

La plupart des personnes dans leur vie ont été victimes de l'éducation de la peur et du doute qu'on leur avait inculquée, depuis leur enfance. Les cultures diffèrent l'une de l'autre. C'est à nous de voir sous quelle forme notre subconscient a été abusé et a retenu de mauvais messages pour continuer à nous faire expérimenter la peur et le doute dans notre vie.

Pour remédier a cette faille, détruisez volontairement le doute et la peur ; toutes idées négatives ; toutes pensées de résistance à votre rêve ou à votre demande, afin de vous libérer des hésitations. Eliminez toute tendance de découragement volontairement.

JN 16, 24 « jusqu'à présent vous n'avez rien demandé en mon NOM ; Demandez et vous recevrez, afin que votre joie soit parfaite. »

Augmentez volontairement la flamme de votre foi par des affirmations ; visualisation et beaucoup d'émotions positives qui vous placent dans l'atmosphère de la réalisation de votre désir. Cela ne doit pas être un simple souhait, un espoir ou un désir vague

« Une femme qui perdait du sang, depuis douze années, s'approcha par derrière et toucha la frange du manteau de Jésus. Car elle se disait en elle-même : si seulement je touche son manteau, je serai sauvée »MT 9,20-21

L'exemple de cette femme que Jésus avait guérie, est à copier. Car elle nous révèle le secret le plus puissant pour développer un état d'esprit, qui sans manque va gagner, réussir et toucher le miracle, peu importe le but à atteindre : **Le secret de l'autosuggestion.**

« Elle répétait dans son cœur son plan de succès par la pleine foi en Jésus ».

N'oubliez pas que cette dame confrontait beaucoup de difficultés qu'elle pourrait en tenir compte pour la bloquer. Comme par exemple la loi de son pays et de son époque qui interdisait à quelqu'un de sa situation de se frotter avec les gens, puisqu'elle rendait les autres impurs. Et bien d'autres allégations pourraient se dresser contre elle. Mais son désir tellement fort n'a même pas permis un seul de ces obstacles pénétré son esprit. Car son cœur était occupé à renforcer sa conviction dans la puissance et l'éventuelle victoire de Dieu dans sa vie.

Je vous suggère donc, « Allez et faites de même ».

Ecrivez votre désir avec précision un peu partout où vous pouvez le voir et le lire avant de dormir et au réveil à haute voix en toute confiance que cela va se produire. Car la conjugaison du désir brulant et d'une croyance sincère est la base de tout miracle. Tout le secret est là.

Un outil de combat

La foi et la conversion sont les deux piliers des neuf neuvaines à Saint Michel.

Cette démarche des 81 jours s'annonce comme un outil de combat très puissant par lequel SAINT MICHEL nous garantit la victoire à condition qu'on se laisse transformer pendant ces 81 jours en un guerrier dans la foi. Les 81 jours à Saint Michel aident à développer un esprit combatif, fortifier les muscles émotionnels, faire confiance en toutes circonstances.

Le but des 81 jours à Saint Michel est donc de donner la totale victoire à Dieu dans votre vie. Beaucoup rapportent, et moi aussi j'en suis témoin, que Saint Michel prend le plaisir de nous ouvrir des portes qui étaient fermées depuis bien longtemps, de nous agréer des requêtes qui n'ont même pas été l'objet de nos démarches. À travers cette prière, Saint Michel va dans les coins et recoins de notre vie personnelle et familiale pour y casser les chaînes. Vraiment à travers ce parcours, Dieu nous répond au delà de nos espérances.

À Celui dont la puissance agissante en nous est capable de faire bien au delà, infiniment au delà de tout ce que nous pouvons demander et imaginer, gloire, honneur et louange. Amen.

Recommandations

Il est recommandé de ne prendre aucune décision pendant ces 81 jours sous l'impulsion de colère, de doute ou de peur. Faites tout pour gagner votre calme, votre sérénité, votre paix intérieure, même si vous avez de grandes bouleverses. N'ayez pas peur du dénouement, car tout concourra en votre faveur au nom de Jésus-Christ, notre Seigneur.

Certaines personnes émotionnellement ayant vécu des hauts et des bas ont voulu arrêter la prière. N'arrêter jamais! Si vous sautez un jour des 81 jours, faites-le quand même le lendemain sans scrupule à moins que vous vous sentiez vraiment le désir de recommencer. Saint Michel ne va pas vous laisser en chemin, ne le laissez pas non plus en chemin Prenez courage et avancez.

« Veillez. Votre adversaire, le Diable, comme un lion rugissant va et vient à la recherche de sa proie. Résistez-lui avec la force de la foi »1P5,8-9

Quelques indices de la manifestation du démon

Connaître et découvrir les tactiques du démon.

Comment le malin nous attaque-t-il?

R-Dans nos pensées d'abord!

Pourquoi?

R-Parce qu'il doit avoir notre adhésion, consciemment ou inconsciemment. Car il n'a aucun pouvoir sur nous que si et seulement si nous acceptions sa suggestion.

Comment puis-je être en accord avec lui?

R-Bonne question! Car beaucoup sont ceux qui vivent en accord avec la bête sans le savoir. La façon de le discerner est simple.

Noter la façon dont vous répondez à vos besoins, vous gérez vos conflits, les sentiments qui vous dominent.

La stratégie du malin est dans l'inspiration. Quand vous ressentez la peur, sachez que des idées de peur vous ont été suggérées. Quand vous ressentez la résistance, le découragement, le doute, l'angoisse, les idées de suicide, la dépression, la colère, l'orgueil, révolte, intolérance, etc . . . c'est toujours le démon qui les suggère. Ces idées peuvent devenir très obsédantes. Peu importe la situation, l'événement, songe et expériences passées, la bête peut vous suggérer des interprétations logiques et négatives qui ne vous serviront point.

Rendez-vous bien compte comment vous réagissez à des besoins comme, protéger votre image ? Est-ce que vous mentez ? Ou êtes-vous violent, méchant, hypocrite ? Reconnaissez-vous vos besoins de contrôler, d'avoir raison, d'être au-dessus ? Etes—vous égoïstes? Prêtez-vous attention aux besoins de l'autre ? Car la plupart du temps des inspirations malicieuses se sont infiltrées dans la façon d'agir. L'ennemi est toujours à l'œuvre. Ses manifestations sont légion.

Les obsessions, vexations, infestations et possessions n'ont d'autre but que de détruire le genre humain. De la dépression nerveuse à la folie, de la congestion cérébrale au suicide volontaire, des tensions artérielles à la glycémie, arrêt cardiaque et ulcère d'estomac etc . . . tous relèvent des habitudes de pensées destructrices.

Consignes

Restez sur vos gardes. Soyez vigilants. Sachez que l'esprit est ardent. Vous gagnez la bataille ou la perdez dépendamment de votre état d'esprit.

Rappelez-vous que Dieu ne vous a pas dit: si vous doutez vous verrez la gloire de Dieu, si vous avez la peur comme une graine de moutarde . . . . tout ce que vous demandez vous l'aurez, si vous faites le mal réjouissez-vous car le royaume des cieux est à vous. Mais bien le contraire. Jésus nous dit : « si vous croyez vous verrez la gloire de Dieu ». « Si vous avez la foi comme une graine de moutarde, vous direz à la montagne de se déplacer et de se jeter dans la mer, elle vous obéira ». « Heureux les cœurs purs le royaume des cieux est à eux ».

Pour attirer les oiseaux du ciel nous leur jetons des graines ou la nourriture réservée aux oiseaux, De même que des mares d'eau attirent des mouches ou des moustiques. C'est donc une parabole qui représente l'image de notre vie. Les pensées, les tendances et les désirs qui dominent notre cœur, accueillent, soit la présence de Dieu ou celle de l'ennemi. Notre état d'esprit nous soulève ou nous plonge. Comme l'apôtre st Pierre marchant sur la mer, en présence de Jésus. Mais quand il eut peur, son état esprit le plongeait, même s'il était en présence du Christ. Soyez en garde.

Peut-être tu vis une situation quelconque, tu ne sais comment y sortir. Peut-être assailli par des idées négatives, tu ne sais comment t'y prendre. Peut-être tu as de nouveaux défis à relever, des nouveaux désirs à satisfaire. Peu importe la situation pour laquelle tu fais cette prière de persévérance. Ton devoir est de faire pleinement confiance. Dieu lui-même y pourvoira. Ouvre—toi à toute possibilité de changement de perspective. Car Dieu peut faire de toi la personne que tu dois être pour accueillir ce qui t'a déjà été réservé d'avance.

La seule personne responsable de votre esprit, est vous—même! Vous êtes votre salon, vous permettez à qui vous voulez de s'asseoir et de s'installer chez vous. Je vous encourage fortement à laisser les promesses et toutes les recommandations du Seigneur dominées votre vie. "Aujourd'hui écouterez vous sa parole, ne fermez pas votre cœur mais écoutez la voix du Seigneur". "Si vous observez mes commandements, mon Père et Moi nous viendrons et ferons notre demeure chez vous."

N'ayez pas peur et gardez confiance. Cherchez à rester calme en tout temps et faites votre prière.

Répétez tous les jours et autant de fois que vous le désirez et surtout quand vous vous sentez troubler.

- **« Je sais, je suis certain et je suis sûr, même si je ne sais comment, même si je ne sais quand, Mon Seigneur va me délivrer et j'aurai la victoire au Nom de Jésus. »**

« Moi. (Votre nom) . . . . . . Je choisis d'ouvrir mon cœur et mon esprit volontairement aux faveurs illimitées de Dieu, et aussi je déclare au nom de Jésus, expérimenté l'abondance sous toutes ses formes que Dieu dans son Amour a longtemps réservée pour moi et ma famille. Amen »

Et ensuite imaginez votre état d'âme quand votre demande a été agrée. Ressentez la joie d'avoir reçu déjà ce que vous avez demandé. (Si toute fois vous n'avez pas l'habitude de vous imaginer volontairement de la façon dont vous voulez être, je vous suggère de le pratiquer aussi souvent que possible).Gardez un esprit d'action de grâce en tout temps. « Béni le Seigneur Ô mon âme et n'oublie aucun de ses bienfaits ». « Toute ma vie je vais te bénir levant les mains en invoquant ton Nom. Comme par un festin, je serai rassasié, la joie sur mes lèvres je dirai ta louange. » Je vous suggère de faire une liste de bienfaits dans votre vie depuis votre naissance à aujourd'hui.

Accord de confiance et d'abandon avec Jésus

Moi (votre nom) . . . . je choisis d'améliorer mon attitude tous les jours de ma vie et de vivre une vie d'excellence pour Jésus. Je choisis de faire confiance à Dieu en toutes circonstances. Car jusqu'à présent le Père du ciel travaille, dit Jésus. Je sais qu'Il travaille en moi et pour moi. Je sais aussi que Dieu a toujours raison, qu'Il est fidèle et qu'Il tient toujours ses Promesses. Je peux lui faire confiance et m'abandonner entre ses mains. Je sais aussi que c'est un mensonge quand le démon veut me faire comprendre que c'est lui qui est tout près de moi et qu'il va me détruire. Je choisis volontairement de ne plus croire dans ses suggestions qui suscitent la peur et le doute en moi, ce qui lui donnerait permission inconsciemment d'agir en moi. Je choisis de croire volontairement en Notre Seigneur Jésus qui me dit en tout le temps de ne pas avoir peur, car je suis avec toi jusqu'à la fin du monde. Je choisis de croire que Jésus est avec moi en tout temps, en toute circonstance. Que je me réveille ou que je me dorme, « le malheur ne pourra me toucher ni le danger approcher de ma maison. ». « Je ne craindrai ni les terreurs de la nuit ni le fléau qui frappe en plein jour. » Je choisis de croire que mes cheveux sont tous comptés et pas un seul ne pourra sortir sans sa permission. Je choisis de croire que tout ce que Dieu permet dans ma vie c'est pour ma croissance. Je crois que toutes les promesses de Dieu sont adressées à moi. « Ne crains pas car je suis avec toi, ne te laisse pas émouvoir car je suis ton Dieu; je t'ai fortifié et je t'ai aidé, je t'ai donné la victoire par mon bras très fort » (Is 41,10). Je crois aussi de tout mon cœur dans cette parole du Seigneur : « Tu les chercheras et tu ne les trouveras pas ceux qui te combattaient; ils seront réduits à rien, anéantis ceux qui te faisaient la guerre. Car moi ton Dieu, je te saisis la main droite, je te dis, ne crains pas ; c'est moi qui te viens en aide. » (Is 41,12-13). Je choisis aujourd'hui de donner permission à Dieu de dominer mes pensées le reste de ma vie. Je donne la permission volontaire à mon Dieu d'imprégner mon subconscient, mon inconscient et mon conscient par sa sagesse le reste de ma vie. Je choisis volontairement de donner permission à Dieu d'agir sans restriction dans ma vie et aussi de protéger ma relation avec Lui le reste de ma vie jusque dans l'éternité. Ma plus grande ambition aujourd'hui, Ô Dieu, est de t'aimer sans cesse et de saisir toujours des petites occasions pour te louer. Amen

Souvenez—vous de ce contrat en tout temps durant votre vie et apprenez—le par cœur. Reprenez—le souvent tout le long des 81 jours pour vous enraciner davantage. Je vous encourage à relire les premières pages pour renforcer votre conviction.

Dans la vie il y a des controverses. Mais la foi suffit pour les gérer. L'Evangile nous raconte que Pierre marcha sur les eaux sous l'ordre de Jésus. Le miracle avait déjà commencé quand « Pierre se mit à marcher sur les eaux et vint vers Jésus mais voyant le vent il prit peur et commençant à couler » (MT 14, 22-33). Le contrat et toutes les promesses du Seigneur sont des outils pour corriger la trajectoire de vos pensées et vous fixer les yeux sur Jésus. Saint Michel, est l'exemple extraordinaire de focalisation, de foi, de crainte de Dieu et de sagesse, de ténacité et d'espérance en Dieu. Le Saint Archange nous obtient des grâces particulières pour nous aider à grandir dans une bonne relation avec Dieu et accueillir sans ambages les surcroits des biens temporels.

La prière de protection (Inspirée de Jean Pliya)

Placez—vous dans la foi, au pied de la croix de Jésus de Nazareth, le fils de Dieu venu dans la chair, et dites :

Je me couvre de ton précieux sang. Ta lumière m'enveloppe. Je réclame sur moi et sur tous ceux qui sont présents la protection du sang de l'Agneau de Dieu. Que Ton sang nous purifie de nos péchés et de nos fautes et nous protège de tout mal, de toute attaque et de toute influence de l'esprit des ténèbres! Que le sang de Jésus recouvre également ma famille, mes amis, mes relations, ma maison, mes biens et tout ce qui m'appartient.

Que l'Esprit de Dieu nous recouvre du bouclier de sa toute puissance. Qu'il manifeste la victoire du Christ en ce lieu. Qu'il éloigne de nous Satan et empêche tout esprit démoniaque perturbateur de se manifester. Que tout ce que nous dirons et ferons vienne de l'inspiration et de la motion du Saint Esprit.

Seigneur Jésus, par ton nom très saint, par les mérites de la très sainte Vierge Marie et de l'intercession de tous les saints et saintes, de nos saints patrons et de nos anges gardiens, préserve-nous de tout danger et de tout maléfice de la part des mauvais esprits.

Que la Vierge Marie nous couvre de son manteau de souveraine maîtresse des anges et nous introduise dans la victoire du Christ Ressuscité.

Saint Michel Archange «défends—nous dans ce combat, sois notre secours contre la méchanceté et les embuches du démon. Que Dieu lui retire tout pouvoir de nuire à qui que ce soit ici présent»

Je revêts l'armure de Dieu pour résister aux manœuvre du Diable (Eph 6,14-18),porte la ceinture de la vérité, de la cuirasse de la justice, m'avançant avec zèle pour proclamer l'évangile de la paix, coiffe du casque du salut. « Protéger par le bouclier de la foi grâce auquel je peux éteindre tous les traits enflammés du Mauvais, arme du glaive de l'Esprit Saint, de la Parole de Dieu pour attaquer les places fortes de l'ennemi. » Les mains levées pour la louange et l'adoration de mon Dieu, je prends position sur le champ de bataille, intrépide comme David marchant contre Goliath, au nom du Roi des rois, Jésus le Victorieux qui siège sur le Trône de Dieu, le Père (Ap 3,21).

C'est pourquoi en raison de mon autorité de chrétien, disciple de Jésus, je vous interdis, esprits diaboliques, esprits impurs de parler à travers quiconque ici présent. Je remets la conduite de cette prière à la seule direction du Saint Esprit.

Prière au Sacré-Cœur de Jésus avant de formuler votre demande.

Sacré-Cœur de Jésus, Viens me guérir et me délivrer de tout mal. Guéris ma mémoire de tout souvenir douloureux. Guéris mon imagination de tout blocage qui m'empêche d'anticiper toute victoire ou toute réalisation de mes désirs. Guéris aussi mon cœur de toute blessure et du refus de pardonner. Guéris-moi de toute forme de résistance intérieure qui m'empêche d'accueillir l'amour, la paix, la joie, l'harmonie, la confiance. Guéris-moi de tout déséquilibre dans ma sensibilité, mon affectivité, mon émotivité, ma sexualité. Guéris-moi de la honte, de la culpabilité, du sentiment d'infériorité. Guéris-moi des idées suicidaires, de tout esclavage: de la drogue, de l'alcool, du tabac et du jeu de hasard. Guéris-moi de toute déviation venant de l'hérédité, de l'éducation première, des pressions exercées sur moi dans mon milieu familial, scolaire, social, ecclésial qui aurait brimé ma liberté intérieure. Guéris-moi de tout ce que mon être a subi de négatif, de pénible, qui a été refoulé dans mon inconscient ou mon subconscient.

Sacré-Cœur de Jésus, donne-moi de porter les fruits d'une conversion véritable et de trouver ma liberté à faire ta volonté. Sacré-Cœur de Jésus purifie tout mon être dans ton sang et exerce ta Seigneurie sur toute ma personne. Amen

Cœur sacré de Jésus j'ai confiance en toi (3 fois

- **« Je sais, je suis certain et je suis sûr, même si je ne sais comment, même si je ne sais quand, Mon Seigneur va me délivrer et j'aurai la victoire au Nom de Jésus. »**

« Moi. (Votre nom) . . . . . . Je choisis d'ouvrir mon cœur et mon esprit volontairement aux faveurs illimitées de Dieu, et aussi je déclare au nom de Jésus, expérimenté l'abondance sous toutes ses formes que Dieu dans son Amour a longtemps réservée pour moi et ma famille. Amen »

Prière à Saint Michel, protecteur de l'Eglise Catholique.

Grand Saint Michel Archange Protecteur de l'Eglise Catholique, conducteur de toutes mes affaires et entreprises, je m'adresse à vous pour me débarrasser de tous les esprits malsains et méchants répandus dans l'air et surtout ceux qui me persécutent.

Faites les disparaître de mon côté qu'ils marchent de ville en ville, de pays en pays, de loin en loin, de coins en recoins à l'image des porcs pleins de rage qui se ruent dans la mer.

Terrassez-les avec votre lance comme vous avez terrassé et enchaîné Lucifer, l'orgueilleux éternel du monde. Dirigez-les tous sans exception, par amour pour Dieu et pour nous, au pied de la croix pour être ligotés, maltraités et jugés.

Calmez les flots irrités contre nous. Dieu nous a ouvert un passage libre dans vos miracles. L'héros Archange descendez du ciel, que la mer s'agite, la terre tremble.

Mais moi je ne tremble point, car l'Archange du Seigneur est avec moi. Défendez—moi, délivrez-moi, donnez-moi le courage. Amen.

- **« Je sais, je suis certain et je suis sûr, même si je ne sais comment, même si je ne sais quand, Mon Seigneur va me délivrer et j'aurai la victoire au Nom de Jésus. »**

« Moi. (Votre nom) . . . . . . Je choisis d'ouvrir mon cœur et mon esprit volontairement aux faveurs illimitées de Dieu, et aussi je déclare au nom de Jésus, expérimenté l'abondance sous toutes ses formes que Dieu dans son Amour a longtemps réservée pour moi et ma famille. Amen »

Gardez clair à l'esprit ce que vous voulez vraiment sans confusion aucune. Et croyez que Dieu qui écrit droit sur des lignes courbes, a une infinité de façon pour le concrétiser. Là où il n'y a pas de chemin, Dieu en crée. Il faut faire confiance.

Le Seigneur est ma lumière et mon salut, de qui aurais-je crainte?

1ER JOUR

O grand Saint Michel Archange, vous qui êtes à la tête des anges fidèles et qui fléchissez les genoux sans cesse devant le Seigneur, faites éclater une grande puissance de délivrance dans tout mon être afin que toujours je me laisse inspirer par sa lumière et que je demeure connecté le reste de ma vie. Amen.

Prière au Sacré-Cœur de Jésus
Demande
Confiant en l'intercession de votre bienheureux Archange Saint Michel, nous vous supplions Seigneur de nous accorder la grâce . . . .
1 Notre Père et 3 Je vous salue Marie.
Prière à Saint Michel

- **« Je sais, je suis certain et je suis sûr, même si je ne sais comment, même si je ne sais quand, Mon Seigneur va me délivrer et j'aurai la victoire au Nom de Jésus. »**

« Moi. (Votre nom) . . . . . . Je choisis d'ouvrir mon cœur et mon esprit volontairement aux faveurs illimitées de Dieu, et aussi je déclare au nom de Jésus, expérimenté l'abondance sous toutes ses formes que Dieu dans son Amour a longtemps réservée pour moi et ma famille. Amen »

Tous les jours de ma vie Seigneur tu es avec moi, rien ne va me manquer, tu me prends par la main pour diriger mes pas.

2È JOUR

Glorieux Saint Michel, vous qui êtes si élevé en grâce et en gloire de tous les esprits bienheureux, Faites que nous gardions toujours à l'esprit l'estime auquel nous avions été créés. L'image et la ressemblance de Dieu. Amen.

Prière au Sacré-Cœur de Jésus
Demande
Confiant en l'intercession de votre bienheureux Archange Saint Michel, nous vous supplions Seigneur de nous accorder la grâce . . . .
1 Notre Père et 3 Je vous salue Marie.
Prière à Saint Michel

- **« Je sais, je suis certain et je suis sûr, même si je ne sais comment, même si je ne sais quand, Mon Seigneur va me délivrer et j'aurai la victoire au Nom de Jésus. »**

« Moi. (Votre nom) . . . . . . Je choisis d'ouvrir mon cœur et mon esprit volontairement aux faveurs illimitées de Dieu, et aussi je déclare au nom de Jésus, expérimenté l'abondance sous toutes ses formes que Dieu dans son Amour a longtemps réservée pour moi et ma famille. Amen »

Sache que le démon ne gagne jamais, que seulement et seulement si tu cesses de combattre.

3È JOUR

O Puissant Saint Michel Archange, chef et prince de la milice céleste, gardien fidèle des âmes, vainqueur des esprits rebelles, faites que nous soyons forts dans la foi et que nous développions un esprit combatif qui nous dispose toujours à laisser Dieu triompher dans notre vie. Amen

Prière au Sacré-Cœur de Jésus
Demande
Confiant en l'intercession de votre bienheureux Archange Saint Michel, nous vous supplions Seigneur de nous accorder la grâce . . . .
1 Notre Père et 3 Je vous salue Marie.
Prière à Saint Michel

- **« Je sais, je suis certain et je suis sûr, même si je ne sais comment, même si je ne sais quand, Mon Seigneur va me délivrer et j'aurai la victoire au Nom de Jésus. »**

« Moi. (Votre nom) . . . . . . Je choisis d'ouvrir mon cœur et mon esprit volontairement aux faveurs illimitées de Dieu, et aussi je déclare au nom de Jésus, expérimenté l'abondance sous toutes ses formes que Dieu dans son Amour a longtemps réservée pour moi et ma famille. Amen »

C'est la bénédiction du Seigneur qui enrichit sans que l'effort, ajoute rien.

4È JOUR

Très Glorieux Archange Saint Michel, qui avez rappelé aux anges déchus la toute puissance de Dieu et avez confondu l'orgueil de Lucifer, faites que notre cœur et notre esprit soient ouverts à l'intelligence de la sagesse de Dieu. Que nous ayons le courage de choisir la vérité et de la vivre dans l'humilité. Amen.

Prière au Sacré-Cœur de Jésus
Demande
Confiant en l'intercession de votre bienheureux Archange Saint Michel, nous vous supplions Seigneur de nous accorder la grâce . . . .
1 Notre Père et 3 Je vous salue Marie.
Prière à Saint Michel

- **« Je sais, je suis certain et je suis sûr, même si je ne sais comment, même si je ne sais quand, Mon Seigneur va me délivrer et j'aurai la victoire au Nom de Jésus. »**

« Moi. (Votre nom) . . . . . . Je choisis d'ouvrir mon cœur et mon esprit volontairement aux faveurs illimitées de Dieu, et aussi je déclare au nom de Jésus, expérimenté l'abondance sous toutes ses formes que Dieu dans son Amour a longtemps réservée pour moi et ma famille. Amen

Le triomphe de Dieu n'est pas douteux, il faut savoir attendre son heure.

5È JOUR

O puissant Ministre de la justice divine, venez à notre aide car le démon ne cesse de nous faire une guerre sans merci. Réprimez son audace et son arrogance et secourez-nous. Nous nous mettons sous Votre puissante protection, pour triompher du démon et être sauvé. Amen.

Prière au Sacré-Cœur de Jésus
Demande
Confiant en l'intercession de votre bienheureux Archange Saint Michel, nous vous supplions Seigneur de nous accorder la grâce . . . .
1 Notre Père et 3 Je vous salue Marie.
Prière à Saint Michel

- **« Je sais, je suis certain et je suis sûr, même si je ne sais comment, même si je ne sais quand, Mon Seigneur va me délivrer et j'aurai la victoire au Nom de Jésus. »**

« Moi. (Votre nom) . . . . . . Je choisis d'ouvrir mon cœur et mon esprit volontairement aux faveurs illimitées de Dieu, et aussi je déclare au nom de Jésus, expérimenté l'abondance sous toutes ses formes que Dieu dans son Amour a longtemps réservée pour moi et ma famille. Amen »

Sois sans crainte, aie seulement la foi.

6È JOUR

Victorieux Archange, vous dont le bras est fort, nous recourrons à vous avec confiance pour nous libérer des tourments du temps présent et surtout de nos sentiments malades comme la rancune, la vengeance, la colère, la jalousie. Rendez—nous forts afin de triompher sur le mal. Amen.

Prière au Sacré-Cœur de Jésus
Demande
Confiant en l'intercession de votre bienheureux Archange Saint Michel, nous vous supplions Seigneur de nous accorder la grâce . . . .
1 Notre Père et 3 Je vous salue Marie.
Prière à Saint Michel

- **« Je sais, je suis certain et je suis sûr, même si je ne sais comment, même si je ne sais quand, Mon Seigneur va me délivrer et j'aurai la victoire au Nom de Jésus. »**

« Moi. (Votre nom) . . . . . . Je choisis d'ouvrir mon cœur et mon esprit volontairement aux faveurs illimitées de Dieu, et aussi je déclare au nom de Jésus, expérimenté l'abondance sous toutes ses formes que Dieu dans son Amour a longtemps réservée pour moi et ma famille. Amen »

Beaucoup sont morts pour avoir trop mangé, celui qui se surveille protège sa vie.

7È JOUR

Saint Michel, ange suprême du ciel qui avez défendu les valeurs divines, protégez notre corps, le temple de l'Esprit Saint. Nous sommes des vases d'argiles qui contiennent des trésors inestimables. Donnez-nous, o grand Archange, la grâce de résister avec la force de la foi contre l'ennemi qui va et vient à la recherche de sa proie. Amen.

Prière au Sacré-Cœur de Jésus
Demande
Confiant en l'intercession de votre bienheureux Archange Saint Michel, nous vous supplions Seigneur de nous accorder la grâce . . . .
1 Notre Père et 3 Je vous salue Marie.
Prière à Saint Michel

- **« Je sais, je suis certain et je suis sûr, même si je ne sais comment, même si je ne sais quand, Mon Seigneur va me délivrer et j'aurai la victoire au Nom de Jésus. »**

« Moi. (Votre nom) . . . . . . Je choisis d'ouvrir mon cœur et mon esprit volontairement aux faveurs illimitées de Dieu, et aussi je déclare au nom de Jésus, expérimenté l'abondance sous toutes ses formes que Dieu dans son Amour a longtemps réservée pour moi et ma famille. Amen »

Dieu n'abandonne jamais celui qui s'appui sur lui.

8È JOUR

Saint Michel, vous qui êtes le plus fort parmi les anges du ciel. Vous avez été choisi par Dieu pour être le protecteur de son peuple, faites tomber nos masques hypocrites. Libérez-nous de nos obsessions de protéger une image, une facette devant les hommes par peur de scandale, en lieu et place d'une vrai conversion et d'une sincère connexion avec Dieu. Amen.

Prière au Sacré-Cœur de Jésus
Demande
Confiant en l'intercession de votre bienheureux Archange Saint Michel, nous vous supplions Seigneur de nous accorder la grâce . . . .
1 Notre Père et 3 Je vous salue Marie.
Prière à Saint Michel

- **« Je sais, je suis certain et je suis sûr, même si je ne sais comment, même si je ne sais quand, Mon Seigneur va me délivrer et j'aurai la victoire au Nom de Jésus. »**

« Moi. (Votre nom) . . . . . . Je choisis d'ouvrir mon cœur et mon esprit volontairement aux faveurs illimitées de Dieu, et aussi je déclare au nom de Jésus, expérimenté l'abondance sous toutes ses formes que Dieu dans son Amour a longtemps réservée pour moi et ma famille. Amen »

La vie a beaucoup de tests, la confiance suffit pour les passer.

9È JOUR

Grand saint Michel, gardien de Jésus-Christ, vous le premier croyant et l'adorateur de la trinité, libérez-nous des idoles de notre vie, tout ce qui peut couper et détruire notre relation avec Dieu et le prochain, comme une vie sexuelle désorientée, la magie, la drogue et les addictions délibérée de toutes sortes. Amen.

Prière au Sacré-Cœur de Jésus
Demande
Confiant en l'intercession de votre bienheureux Archange Saint Michel, nous vous supplions Seigneur de nous accorder la grâce . . . .
1 Notre Père et 3 Je vous salue Marie.
Prière à Saint Michel

- **« Je sais, je suis certain et je suis sûr, même si je ne sais comment, même si je ne sais quand, Mon Seigneur va me délivrer et j'aurai la victoire au Nom de Jésus. »**

« Moi. (Votre nom) . . . . . . Je choisis d'ouvrir mon cœur et mon esprit volontairement aux faveurs illimitées de Dieu, et aussi je déclare au nom de Jésus, expérimenté l'abondance sous toutes ses formes que Dieu dans son Amour a longtemps réservée pour moi et ma famille. Amen »

Pourquoi avez-vous peur gens de peu de foi ?

10È JOUR

O Saint Archange, la folie humaine s'est levée contre la sagesse de la croix. Un Dieu qui a tant aimé les hommes, a livré son fils unique à la croix pour nous racheter. Saint Michel, faites que nos yeux s'ouvrent et que nous soyons libérés de nos confusions et de nos peurs. Amen.

Prière au Sacré-Cœur de Jésus
Demande
Confiant en l'intercession de votre bienheureux Archange Saint Michel, nous vous supplions Seigneur de nous accorder la grâce ....
1 Notre Père et 3 Je vous salue Marie.
Prière à Saint Michel

- **« Je sais, je suis certain et je suis sûr, même si je ne sais comment, même si je ne sais quand, Mon Seigneur va me délivrer et j'aurai la victoire au Nom de Jésus. »**

« Moi. (Votre nom) ...... Je choisis d'ouvrir mon cœur et mon esprit volontairement aux faveurs illimitées de Dieu, et aussi je déclare au nom de Jésus, expérimenté l'abondance sous toutes ses formes que Dieu dans son Amour a longtemps réservée pour moi et ma famille. Amen »

Seigneur Jésus-Christ ce n'est pas un Esprit de crainte que tu nous as donné, mais un Esprit de force, d'amour et de maîtrise de soi.

11È JOUR

Saint Michel, Ange de la charité, nous vous demandons, suppliant votre charité, nous implorons votre assistance, rendez—nous généreux dans le bien et encouragez-nous par votre charité à marcher dans les commandements du Seigneur. Jetez sur nous un regard plein d'amour et nous deviendrons fervent dans le service de Dieu, nous surmonterons courageusement les difficultés rencontrées sur le chemin de la sainteté. Si vous nous protégez, notre cœur aimera Dieu avec ferveur et nous jouirons de Lui éternellement. Amen.

Prière au Sacré-Cœur de Jésus
Demande
Confiant en l'intercession de votre bienheureux Archange Saint Michel, nous vous supplions Seigneur de nous accorder la grâce . . . .
1 Notre Père et 3 Je vous salue Marie.
Prière à Saint Michel

- **« Je sais, je suis certain et je suis sûr, même si je ne sais comment, même si je ne sais quand, Mon Seigneur va me délivrer et j'aurai la victoire au Nom de Jésus. »**

« Moi. (Votre nom) . . . . . . Je choisis d'ouvrir mon cœur et mon esprit volontairement aux faveurs illimitées de Dieu, et aussi je déclare au nom de Jésus, expérimenté l'abondance sous toutes ses formes que Dieu dans son Amour a longtemps réservée pour moi et ma famille. Amen »

Je sais en qui, je mets ma confiance. Point de honte pour celui qui espère en Dieu.

12È JOUR

O Saint Michel, vous qui avez toujours adoré le divin cœur transpercé de Jésus, Source intarissable de grâces et de bénédictions, donnez-nous la grâce de poser des actes inspirés en vue d'atteindre nos buts spirituels et temporels. Amen.

Prière au Sacré-Cœur de Jésus
Demande
Confiant en l'intercession de votre bienheureux Archange Saint Michel, nous vous supplions Seigneur de nous accorder la grâce . . . .
1 Notre Père et 3 Je vous salue Marie.
Prière à Saint Michel

- **« Je sais, je suis certain et je suis sûr, même si je ne sais comment, même si je ne sais quand, Mon Seigneur va me délivrer et j'aurai la victoire au Nom de Jésus. »**

« Moi. (Votre nom) . . . . . Je choisis d'ouvrir mon cœur et mon esprit volontairement aux faveurs illimitées de Dieu, et aussi je déclare au nom de Jésus, expérimenté l'abondance sous toutes ses formes que Dieu dans son Amour a longtemps réservée pour moi et ma famille. Amen »

Si une armée vient camper contre moi, mon cœur est sans crainte.

13È JOUR

Saint Michel, chevalier de notre Dame, qui avez assisté et honoré la mère de Dieu depuis sa conception jusqu'au ciel, donnez-nous de développer une intimité plus profonde et une dévotion filiale envers la Vierge Marie notre mère. Amen

Prière au Sacré-Cœur de Jésus
Demande
Confiant en l'intercession de votre bienheureux Archange Saint Michel, nous vous supplions Seigneur de nous accorder la grâce ....
1 Notre Père et 3 Je vous salue Marie.
Prière à Saint Michel

- **« Je sais, je suis certain et je suis sûr, même si je ne sais comment, même si je ne sais quand, Mon Seigneur va me délivrer et j'aurai la victoire au Nom de Jésus. »**

« Moi. (Votre nom) ...... Je choisis d'ouvrir mon cœur et mon esprit volontairement aux faveurs illimitées de Dieu, et aussi je déclare au nom de Jésus, expérimenté l'abondance sous toutes ses formes que Dieu dans son Amour a longtemps réservée pour moi et ma famille. Amen »

Un échec n'est réel que quand il est accepté. Dieu sait toujours le comment et l'heure pour vous délivrer. Garde confiance.

14^È JOUR

Glorieux Saint Michel, nous vous louons et vous bénissons avec les anges du ciel pour votre autorité et pour le don ineffable de l'ange gardien; daignez porter votre regard vigilant sur le pécheur que nous sommes ; nous envoyer votre ange dans nos besoins pour nous défendre du démon et des dangers et nous garder dans la grâce de Dieu. Amen.

Prière au Sacré-Cœur de Jésus
Demande
Confiant en l'intercession de votre bienheureux Archange Saint Michel, nous vous supplions Seigneur de nous accorder la grâce . . . .
1 Notre Père et 3 Je vous salue Marie.
Prière à Saint Michel

- **« Je sais, je suis certain et je suis sûr, même si je ne sais comment, même si je ne sais quand, Mon Seigneur va me délivrer et j'aurai la victoire au Nom de Jésus. »**

« Moi. (Votre nom) . . . . . . Je choisis d'ouvrir mon cœur et mon esprit volontairement aux faveurs illimitées de Dieu, et aussi je déclare au nom de Jésus, expérimenté l'abondance sous toutes ses formes que Dieu dans son Amour a longtemps réservée pour moi et ma famille. Amen »

La racine des pensées, c'est le cœur, il donne naissance à quatre rameaux: le bien et le mal, la vie et la mort et ce qui les domine toujours c'est la langue.

15è JOUR

Saint Michel, Ange gardien du Souverain Pontife. Protégez-nous de Lucifer et de ses légions diaboliques remplis d'astuces qui ne font que des plans pour abreuver d'amertume l'Église notre mère, l'épouse du Christ, sainte et immaculée. Protégez l'Église des faux témoins, des fausses doctrines, des faux frères, des fausses dévotions, des fausses apparitions, de faux problèmes, des fausses solutions et de tout ce qui est faux. Donnez à nos Pasteurs de nous conduire avec les lunettes du Christ Jésus afin de faire preuve de profond discernement. Amen.

Prière au Sacré-Cœur de Jésus
Demande
Confiant en l'intercession de votre bienheureux Archange Saint Michel, nous vous supplions Seigneur de nous accorder la grâce . . . .
1 Notre Père et 3 Je vous salue Marie.
Prière à Saint Michel

- **« Je sais, je suis certain et je suis sûr, même si je ne sais comment, même si je ne sais quand, Mon Seigneur va me délivrer et j'aurai la victoire au Nom de Jésus. »**

« Moi. (Votre nom) . . . . . . Je choisis d'ouvrir mon cœur et mon esprit volontairement aux faveurs illimitées de Dieu, et aussi je déclare au nom de Jésus, expérimenté l'abondance sous toutes ses formes que Dieu dans son Amour a longtemps réservée pour moi et ma famille. Amen »

Celui qui espère en Dieu renouvelle ses forces, il déploie ses ailes comme un aigle. Il court sans s'épuiser, il marche sans se fatiguer.

16È JOUR

Saint Michel, Défenseur des chrétiens, vous qui êtes invincible, dont le nom est terrible aux esprits infernaux, nous recourons à vous dans nos misères et nos tentations. Donnez-nous la grâce d'un esprit pur et clair pour que nous puissions choisir et vivre de manière responsable. Amen.

Prière au Sacré-Cœur de Jésus
Demande
Confiant en l'intercession de votre bienheureux Archange Saint Michel, nous vous supplions Seigneur de nous accorder la grâce . . . .
1 Notre Père et 3 Je vous salue Marie.
Prière à Saint Michel

- **« Je sais, je suis certain et je suis sûr, même si je ne sais comment, même si je ne sais quand, Mon Seigneur va me délivrer et j'aurai la victoire au Nom de Jésus. »**

« Moi. (Votre nom) . . . . . . Je choisis d'ouvrir mon cœur et mon esprit volontairement aux faveurs illimitées de Dieu, et aussi je déclare au nom de Jésus, expérimenté l'abondance sous toutes ses formes que Dieu dans son Amour a longtemps réservée pour moi et ma famille. Amen »

Si tu traverses les eaux je serai avec toi et les rivières, elles ne te submergeront pas.

17è JOUR

Saint Michel, Ange de la paix, vous qui avez rétabli la paix au ciel en chassant ce vipère venimeux, le diable, auteur de tout mensonge et division, faites-nous la grâce de ne plus nous laisser guider par nos faiblesses, nos doutes et nos peurs, mais faites régner en nous la confiance, l'unité, la charité et plus spécialement la paix intérieure. Amen.

Prière au Sacré-Cœur de Jésus
Demande
Confiant en l'intercession de votre bienheureux Archange Saint Michel, nous vous supplions Seigneur de nous accorder la grâce . . . .
1 Notre Père et 3 Je vous salue Marie.
Prière à Saint Michel

- **« Je sais, je suis certain et je suis sûr, même si je ne sais comment, même si je ne sais quand, Mon Seigneur va me délivrer et j'aurai la victoire au Nom de Jésus. »**

« Moi. (Votre nom) . . . . . . Je choisis d'ouvrir mon cœur et mon esprit volontairement aux faveurs illimitées de Dieu, et aussi je déclare au nom de Jésus, expérimenté l'abondance sous toutes ses formes que Dieu dans son Amour a longtemps réservée pour moi et ma famille. Amen »

Que ton cœur reste dans la crainte du Seigneur. Car il y a un avenir et ton espérance ne sera pas anéantie.

18È JOUR

O Saint Michel, Prince très saint de la milice sacrée, chargé par Dieu d'organiser et de conduire les phalanges angéliques, très dignes de tout culte, de toute louange et de tout éloge, éclairez mon âme, calmez mon pauvre cœur agité par les tempêtes de cette vie, élevez vers les hauteurs de la céleste sagesse mon esprit incliné vers la réalité du passé et les manques du temps présent; affermissez mes pas sur le sentier qui conduit aux cieux; guérissez les plaies de mon âme; faites disparaître les traces de toutes les souffrances qu'engendrent en moi mes misères et mes malheurs. Amen.

Prière au Sacré-Cœur de Jésus
Demande
Confiant en l'intercession de votre bienheureux Archange Saint Michel, nous vous supplions Seigneur de nous accorder la grâce . . . .
1 Notre Père et 3 Je vous salue Marie.
Prière à Saint Michel

- **« Je sais, je suis certain et je suis sûr, même si je ne sais comment, même si je ne sais quand, Mon Seigneur va me délivrer et j'aurai la victoire au Nom de Jésus. »**

« Moi. (Votre nom) . . . . . . Je choisis d'ouvrir mon cœur et mon esprit volontairement aux faveurs illimitées de Dieu, et aussi je déclare au nom de Jésus, expérimenté l'abondance sous toutes ses formes que Dieu dans son Amour a longtemps réservée pour moi et ma famille. Amen »

L'ingratitude ne rentrera pas au ciel. Compte tes bénédictions et loue Dieu par les hymnes et les chants.

19È JOUR

Saint Michel, Ange de la lumière, qui par votre intelligence illuminée avez émancipé les entreprises ténébreuses, faites luire dans nos cœurs et notre esprit la lumière éternelle de Dieu. Libérez-nous de toute résistance au bien et à l'amour et donnez-nous la grâce d'accueillir, de créer, de retrouver la spontanéité, de sourire et de jouer comme un enfant de lumière. Amen.

Prière au Sacré-Cœur de Jésus
Demande
Confiant en l'intercession de votre bienheureux Archange Saint Michel, nous vous supplions Seigneur de nous accorder la grâce . . . .
1 Notre Père et 3 Je vous salue Marie.
Prière à Saint Michel

- **« Je sais, je suis certain et je suis sûr, même si je ne sais comment, même si je ne sais quand, Mon Seigneur va me délivrer et j'aurai la victoire au Nom de Jésus. »**

« Moi. (Votre nom) . . . . . . Je choisis d'ouvrir mon cœur et mon esprit volontairement aux faveurs illimitées de Dieu, et aussi je déclare au nom de Jésus, expérimenté l'abondance sous toutes ses formes que Dieu dans son Amour a longtemps réservée pour moi et ma famille. Amen »

Reste dans la louange sans te décourager.

20È JOUR

Saint Michel, Défenseur du trône de Dieu, Glorificateur du Divin sauveur, nous vous honorons, nous vous prions de nous obtenir un amour sincère et persévérant envers Jésus Christ. Devenant ce que nous pratiquons, nous pourrons jouir de lui éternellement. Amen.

Prière au Sacré-Cœur de Jésus
Demande
Confiant en l'intercession de votre bienheureux Archange Saint Michel, nous vous supplions Seigneur de nous accorder la grâce . . . .
1 Notre Père et 3 Je vous salue Marie.
Prière à Saint Michel

- **« Je sais, je suis certain et je suis sûr, même si je ne sais comment, même si je ne sais quand, Mon Seigneur va me délivrer et j'aurai la victoire au Nom de Jésus. »**

« Moi. (Votre nom) . . . . . . Je choisis d'ouvrir mon cœur et mon esprit volontairement aux faveurs illimitées de Dieu, et aussi je déclare au nom de Jésus, expérimenté l'abondance sous toutes ses formes que Dieu dans son Amour a longtemps réservée pour moi et ma famille. Amen »

Purifie ton cœur de toute résistance, du doute, de la peur, de l'angoisse, des sentiments de révolte, vengeance, rancune, ressentiment.

21È JOUR

Saint Michel, Ange de la force, vous qui avez combattu le dragon pour le précipiter en enfer. Rendez fort nos muscles émotionnels afin de corriger la trajectoire des fusées de pensées qui nous envahissent. Libérez-nous de la source d'inspiration mauvaise en nous. Éradiquez de notre subconscient toute entrave à la pleine réalisation du plan de Dieu en nous. Amen.

Prière au Sacré-Cœur de Jésus
Demande
Confiant en l'intercession de votre bienheureux Archange Saint Michel, nous vous supplions Seigneur de nous accorder la grâce . . . .
1 Notre Père et 3 Je vous salue Marie.
Prière à Saint Michel

- **« Je sais, je suis certain et je suis sûr, même si je ne sais comment, même si je ne sais quand, Mon Seigneur va me délivrer et j'aurai la victoire au Nom de Jésus. »**

« Moi. (Votre nom) . . . . . . Je choisis d'ouvrir mon cœur et mon esprit volontairement aux faveurs illimitées de Dieu, et aussi je déclare au nom de Jésus, expérimenté l'abondance sous toutes ses formes que Dieu dans son Amour a longtemps réservée pour moi et ma famille. Amen »

Sache être ferme dans tes sentiments et n'avoir qu'une seule parole.

22È JOUR

Saint Michel Archange, Ange de la victoire, vous qui avez remporté la victoire sur la bête et rendu la paix au paradis, donnez-nous un sens de confiance et de détermination qui nous engage toujours vers la victoire, peu importe notre but à atteindre. Que notre persévérance invincible devienne pour nous une seconde nature qui nous conduise jusqu'au ciel .Amen.

Prière au Sacré-Cœur de Jésus
Demande
Confiant en l'intercession de votre bienheureux Archange Saint Michel, nous vous supplions Seigneur de nous accorder la grâce . . . .
1 Notre Père et 3 Je vous salue Marie.
Prière à Saint Michel

- **« Je sais, je suis certain et je suis sûr, même si je ne sais comment, même si je ne sais quand, Mon Seigneur va me délivrer et j'aurai la victoire au Nom de Jésus. »**

« Moi. (Votre nom) . . . . . . Je choisis d'ouvrir mon cœur et mon esprit volontairement aux faveurs illimitées de Dieu, et aussi je déclare au nom de Jésus, expérimenté l'abondance sous toutes ses formes que Dieu dans son Amour a longtemps réservée pour moi et ma famille. Amen »

Voici les signes qui accompagneront ceux qui croiront en moi, nous dit Jésus: En mon Nom ils chasseront les démons, ils parleront en langues nouvelles. Ils saisiront des serpents et s'ils boivent quelque poison mortel il ne leur fera pas de mal. Ils imposeront les mains aux infirmes et ceux-ci seront guéris.

23È JOUR

Saint Michel Archange dont le nom veut dire "qui est comme Dieu", vous qui avez défendu de tout votre être l'autorité du Très Haut, faites qu'à notre tour nous soyons audacieux et hardis à proclamer à temps et à contre temps la bonne nouvelle du royaume. Amen.

Prière au Sacré-Cœur de Jésus
Demande
Confiant en l'intercession de votre bienheureux Archange Saint Michel, nous vous supplions Seigneur de nous accorder la grâce ....
1 Notre Père et 3 Je vous salue Marie.
Prière à Saint Michel

- **« Je sais, je suis certain et je suis sûr, même si je ne sais comment, même si je ne sais quand, Mon Seigneur va me délivrer et j'aurai la victoire au Nom de Jésus. »**

« Moi. (Votre nom) ...... Je choisis d'ouvrir mon cœur et mon esprit volontairement aux faveurs illimitées de Dieu, et aussi je déclare au nom de Jésus, expérimenté l'abondance sous toutes ses formes que Dieu dans son Amour a longtemps réservée pour moi et ma famille. Amen »

Ne sois pas hardi en parole, paresseux et lâche dans tes actes.

24È JOUR

Saint Michel, Ange de la tempérance, qui avez reçu la charge de diriger l'armée céleste et avez confondu la présomption de l'ennemi, donnez—nous d'accueillir et d'accepter nos limites devant Dieu. Puisque nous avons tout reçu de lui. Faites que désormais nous vivions étroitement unis à Dieu dans l'Amour et l'humilité.

Prière au Sacré-Cœur de Jésus
Demande
Confiant en l'intercession de votre bienheureux Archange Saint Michel, nous vous supplions Seigneur de nous accorder la grâce . . . .
1 Notre Père et 3 Je vous salue Marie.
Prière à Saint Michel

- **« Je sais, je suis certain et je suis sûr, même si je ne sais comment, même si je ne sais quand, Mon Seigneur va me délivrer et j'aurai la victoire au Nom de Jésus. »**

« Moi. (Votre nom) . . . . . . Je choisis d'ouvrir mon cœur et mon esprit volontairement aux faveurs illimitées de Dieu, et aussi je déclare au nom de Jésus, expérimenté l'abondance sous toutes ses formes que Dieu dans son Amour a longtemps réservée pour moi et ma famille. Amen »

La crainte de Dieu est un paradis de bénédiction. Mieux que tout elle protège.

25È JOUR

Saint Michel Archange, ange de la sagesse, vous qui avez crié « qui est comme Dieu? » et avez discerné le Bien du mal, accordez-nous la grâce de la crainte de Dieu et surtout la grâce de comprendre que Dieu a toujours raison et de lui faire confiance en toute circonstance.

Prière au Sacré-Cœur de Jésus
Demande
Confiant en l'intercession de votre bienheureux Archange Saint Michel, nous vous supplions Seigneur de nous accorder la grâce ....
1 Notre Père et 3 Je vous salue Marie.
Prière à Saint Michel

- **« Je sais, je suis certain et je suis sûr, même si je ne sais comment, même si je ne sais quand, Mon Seigneur va me délivrer et j'aurai la victoire au Nom de Jésus. »**

« Moi. (Votre nom) ...... Je choisis d'ouvrir mon cœur et mon esprit volontairement aux faveurs illimitées de Dieu, et aussi je déclare au nom de Jésus, expérimenté l'abondance sous toutes ses formes que Dieu dans son Amour a longtemps réservée pour moi et ma famille. Amen »

Quand vous hésitez ou doutez dans votre cœur, votre foi est semblable à des vagues de la mer qui montent et descendent et vous empêchent d'accueillir les bénédictions de Dieu.

26È JOUR

Saint Michel, Ange de l'espérance, vous qui avez fait grande confiance en votre créateur et reconnu que Dieu est fidèle et tient toujours ses promesses, accordez-nous par votre intercession la grâce de la patience et d'un abandon total à Dieu. Amen.

Prière au Sacré-Cœur de Jésus
Demande
Confiant en l'intercession de votre bienheureux Archange Saint Michel, nous vous supplions Seigneur de nous accorder la grâce . . . .
1 Notre Père et 3 Je vous salue Marie.
Prière à Saint Michel

- **« Je sais, je suis certain et je suis sûr, même si je ne sais comment, même si je ne sais quand, Mon Seigneur va me délivrer et j'aurai la victoire au Nom de Jésus. »**

« Moi. (Votre nom) . . . . . . Je choisis d'ouvrir mon cœur et mon esprit volontairement aux faveurs illimitées de Dieu, et aussi je déclare au nom de Jésus, expérimenté l'abondance sous toutes ses formes que Dieu dans son Amour a longtemps réservée pour moi et ma famille. Amen »

Libère—toi du désir d'avoir raison et regagne ta liberté intérieure.

27È JOUR

Saint Michel, Ange de la patience, vous qui avez joui d'une grande patience en luttant contre Jacob toute la nuit et manifestez une plus grande patience encore envers le peuple Hébreu lors de la traversée du désert, donnez nous la grâce d'accepter nos prochains avec patience et leur accorder la permission de ne pas toujours comprendre nos points de vue. Amen.

Prière au Sacré-Cœur de Jésus
Demande
Confiant en l'intercession de votre bienheureux Archange Saint Michel, nous vous supplions Seigneur de nous accorder la grâce ....
1 Notre Père et 3 Je vous salue Marie.
Prière à Saint Michel

- **« Je sais, je suis certain et je suis sûr, même si je ne sais comment, même si je ne sais quand, Mon Seigneur va me délivrer et j'aurai la victoire au Nom de Jésus. »**

« Moi. (Votre nom) ...... Je choisis d'ouvrir mon cœur et mon esprit volontairement aux faveurs illimitées de Dieu, et aussi je déclare au nom de Jésus, expérimenté l'abondance sous toutes ses formes que Dieu dans son Amour a longtemps réservée pour moi et ma famille. Amen »

Que ta générosité touche tous les vivants, même au mort ne refuse pas ta piété. (Si 7:33)

28È JOUR

Saint Michel, Ange du purgatoire, vous que Dieu a chargé d'introduire au ciel les âmes des élus, accueillez-les en grand nombre dans la céleste félicité. Que la lumière se lève et luise sur leur visage et que leur soif de Dieu soit finalement assouvie. Rendez notre cœur sensible et responsable dans cette communion avec les âmes souffrantes et que nous développions aussi une dévotion à leur secours. Amen.

Prière au Sacré-Cœur de Jésus
Demande
Confiant en l'intercession de votre bienheureux Archange Saint Michel, nous vous supplions Seigneur de nous accorder la grâce ....
1 Notre Père et 3 Je vous salue Marie.
Prière à Saint Michel

- **« Je sais, je suis certain et je suis sûr, même si je ne sais comment, même si je ne sais quand, Mon Seigneur va me délivrer et j'aurai la victoire au Nom de Jésus. »**

« Moi. (Votre nom) ...... Je choisis d'ouvrir mon cœur et mon esprit volontairement aux faveurs illimitées de Dieu, et aussi je déclare au nom de Jésus, expérimenté l'abondance sous toutes ses formes que Dieu dans son Amour a longtemps réservée pour moi et ma famille. Amen »

Si des malfaiteurs s'approchent de moi pour me déchirer. Ce sont eux mes ennemis, mes adversaires, qui trébuchent et tombent.

29È JOUR

Saint Michel, Chef des armées du ciel, Vainqueur des esprits mauvais, protecteur de l'Église, délivrez ceux qui ont recours à vous dans l'adversité. Obtenez-nous par votre ministère et votre intercession que nous progressions toujours dans le service de Dieu. Amen.

Prière au Sacré-Cœur de Jésus
Demande
Confiant en l'intercession de votre bienheureux Archange Saint Michel, nous vous supplions Seigneur de nous accorder la grâce . . . .
1 Notre Père et 3 Je vous salue Marie.
Prière à Saint Michel

- **« Je sais, je suis certain et je suis sûr, même si je ne sais comment, même si je ne sais quand, Mon Seigneur va me délivrer et j'aurai la victoire au Nom de Jésus. »**

« Moi. (Votre nom) . . . . . . Je choisis d'ouvrir mon cœur et mon esprit volontairement aux faveurs illimitées de Dieu, et aussi je déclare au nom de Jésus, expérimenté l'abondance sous toutes ses formes que Dieu dans son Amour a longtemps réservée pour moi et ma famille. Amen »

Dieu est juste. Il aime la justice. Les cœurs droits contempleront sa face.

30È JOUR

Saint Michel, Ange de l'enfant, qui avez gardé et protégé l'enfant Jésus, Nous vous confions nos enfants et tous les enfants du monde entier, spécialement ceux qui sont en danger d'être avorté, d'être violé, d'être vendu comme esclave, d'être battu et tué. Donnez-nous la force et l'audace de les défendre, de les protéger et de les encadrer d'un vrai amour pour un monde meilleur.

Prière au Sacré-Cœur de Jésus
Demande
Confiant en l'intercession de votre bienheureux Archange Saint Michel, nous vous supplions Seigneur de nous accorder la grâce . . . .
1 Notre Père et 3 Je vous salue Marie.
Prière à Saint Michel

- **« Je sais, je suis certain et je suis sûr, même si je ne sais comment, même si je ne sais quand, Mon Seigneur va me délivrer et j'aurai la victoire au Nom de Jésus. »**

« Moi. (Votre nom) . . . . . . Je choisis d'ouvrir mon cœur et mon esprit volontairement aux faveurs illimitées de Dieu, et aussi je déclare au nom de Jésus, expérimenté l'abondance sous toutes ses formes que Dieu dans son Amour a longtemps réservée pour moi et ma famille. Amen »

Glorifie—toi modestement et apprécie-toi à ta juste valeur.

31È JOUR

Grand Saint Michel, Ange de la nature, vous qui avez assisté au plan de Dieu de sauver la nature humaine, en envoyant son fils prendre notre nature pour nous diviniser. Faites-nous comprendre notre vraie valeur et vivre de manière plus cohérente. Amen.

Prière au Sacré-Cœur de Jésus
Demande
Confiant en l'intercession de votre bienheureux Archange Saint Michel, nous vous supplions Seigneur de nous accorder la grâce . . . .
1 Notre Père et 3 Je vous salue Marie.
Prière à Saint Michel

- **« Je sais, je suis certain et je suis sûr, même si je ne sais comment, même si je ne sais quand, Mon Seigneur va me délivrer et j'aurai la victoire au Nom de Jésus. »**

« Moi. (Votre nom) . . . . . . Je choisis d'ouvrir mon cœur et mon esprit volontairement aux faveurs illimitées de Dieu, et aussi je déclare au nom de Jésus, expérimenté l'abondance sous toutes ses formes que Dieu dans son Amour a longtemps réservée pour moi et ma famille. Amen »

La charité est comme un paradis de bénédiction et l'aumône demeure à jamais

32È JOUR

Glorieux Saint Michel Archange, Ange de la charité, vous qui avez exercé une si grande charité envers les anges en luttant contre le schisme de Lucifer qui a conduit dans sa perdition un tiers des étoiles du ciel, nous honorons et célébrons votre auguste charité. Inspirez-nous le courage d'entreprendre de grandes actions charitables qui nous empêcheront de nous baisser les bras devant les injustices et les méchancetés de notre société. Amen.

Prière au Sacré-Cœur de Jésus
Demande
Confiant en l'intercession de votre bienheureux Archange Saint Michel, nous vous supplions Seigneur de nous accorder la grâce . . . .
1 Notre Père et 3 Je vous salue Marie.
Prière à Saint Michel

- **« Je sais, je suis certain et je suis sûr, même si je ne sais comment, même si je ne sais quand, Mon Seigneur va me délivrer et j'aurai la victoire au Nom de Jésus. »**

« Moi. (Votre nom) . . . . . Je choisis d'ouvrir mon cœur et mon esprit volontairement aux faveurs illimitées de Dieu, et aussi je déclare au nom de Jésus, expérimenté l'abondance sous toutes ses formes que Dieu dans son Amour a longtemps réservée pour moi et ma famille. Amen »

Dieu me cache au secret de sa tente et m'élève sur un rocher.

33È JOUR

Aimable chef des anges, Saint Michel, faites-vous notre avocat auprès de la divine majesté et obtenez-nous la grâce de conserver et de vivre notre titre d'enfants de Dieu pour que nous soyons dignes d'être près de vous au ciel. Amen.

Prière au Sacré-Cœur de Jésus
Demande
Confiant en l'intercession de votre bienheureux Archange Saint Michel, nous vous supplions Seigneur de nous accorder la grâce ....
1 Notre Père et 3 Je vous salue Marie.
Prière à Saint Michel

- **« Je sais, je suis certain et je suis sûr, même si je ne sais comment, même si je ne sais quand, Mon Seigneur va me délivrer et j'aurai la victoire au Nom de Jésus. »**

« Moi. (Votre nom) ...... Je choisis d'ouvrir mon cœur et mon esprit volontairement aux faveurs illimitées de Dieu, et aussi je déclare au nom de Jésus, expérimenté l'abondance sous toutes ses formes que Dieu dans son Amour a longtemps réservée pour moi et ma famille. Amen »

La bénédiction du Seigneur est la récompense de l'homme pieux, en un instant Dieu fait fleurir sa bénédiction

34È JOUR

Saint Michel, ange de la gloire, vous qui ne cessez de rendre gloire à Dieu et en qui Dieu a fait rayonner sa gloire, donnez-nous de profiter de tous les petits instants de notre vie pour rendre gloire à notre Dieu. Que nous puissions développer une vie de louange et de témoignages.

En silence comme à haute voix, en chambre comme en public, en toute circonstance, et en tout lieu, que sans cesse notre âme bénit le Seigneur et n'oublie aucun de ses bienfaits. Amen

Prière au Sacré-Cœur de Jésus
Demande
Confiant en l'intercession de votre bienheureux Archange Saint Michel, nous vous supplions Seigneur de nous accorder la grâce ....
1 Notre Père et 3 Je vous salue Marie.
Prière à Saint Michel

- **« Je sais, je suis certain et je suis sûr, même si je ne sais comment, même si je ne sais quand, Mon Seigneur va me délivrer et j'aurai la victoire au Nom de Jésus. »**

« Moi. (Votre nom) ...... Je choisis d'ouvrir mon cœur et mon esprit volontairement aux faveurs illimitées de Dieu, et aussi je déclare au nom de Jésus, expérimenté l'abondance sous toutes ses formes que Dieu dans son Amour a longtemps réservée pour moi et ma famille. Amen »

Il y a des faibles qui réclament de l'aide, pauvres de moyen et riches de dénuement; le Seigneur les regarde avec faveur, il les relève de leur misère.

35È JOUR

O incomparable héros du paradis, Saint Michel, je recours à vous dans ma misère, car vous êtes le premier à manifester votre foi dans la trinité. Votre foi est action et courage. Vous avez précipité Lucifer et tous ses anges rebelles dans le néant où il n'y a rien de digne sinon des ennuis et tourments. Venez notre héros, Saint Michel Archange, extirper nos ennuis intérieurs et nos tumultes extérieurs. Faites que nos vies soient marquées par des actions de foi. Rendez fort et tenace votre voix si puissante en nous, celle qui nous conseille et nous guide. Amen

Prière au Sacré-Cœur de Jésus
Demande
Confiant en l'intercession de votre bienheureux Archange Saint Michel, nous vous supplions Seigneur de nous accorder la grâce . . . .
1 Notre Père et 3 Je vous salue Marie.
Prière à Saint Michel

- **« Je sais, je suis certain et je suis sûr, même si je ne sais comment, même si je ne sais quand, Mon Seigneur va me délivrer et j'aurai la victoire au Nom de Jésus. »**

« Moi. (Votre nom) . . . . . . Je choisis d'ouvrir mon cœur et mon esprit volontairement aux faveurs illimitées de Dieu, et aussi je déclare au nom de Jésus, expérimenté l'abondance sous toutes ses formes que Dieu dans son Amour a longtemps réservée pour moi et ma famille. Amen »

Ne fais pas le mal et le mal ne sera pas ton maître.

36È JOUR

Saint Michel, ange de loyauté, vous qui connaissez votre source et y restez attaché, vous avez crié qui est comme Dieu, imprégnez en nous ce sentiment de fidélité à Dieu et que nous y restions loyal en toute circonstance. Protégez aussi les faibles afin qu'ils ne compromettent jamais leur relation avec Dieu pour des intérêts mesquins. Amen.

Prière au Sacré-Cœur de Jésus
Demande
Confiant en l'intercession de votre bienheureux Archange Saint Michel, nous vous supplions Seigneur de nous accorder la grâce . . . .
1 Notre Père et 3 Je vous salue Marie.
Prière à Saint Michel

- **« Je sais, je suis certain et je suis sûr, même si je ne sais comment, même si je ne sais quand, Mon Seigneur va me délivrer et j'aurai la victoire au Nom de Jésus. »**

« Moi. (Votre nom) . . . . . . Je choisis d'ouvrir mon cœur et mon esprit volontairement aux faveurs illimitées de Dieu, et aussi je déclare au nom de Jésus, expérimenté l'abondance sous toutes ses formes que Dieu dans son Amour a longtemps réservée pour moi et ma famille. Amen »

Ne crains pas de visiter des malades, par de tels actes tu attireras l'affection.

37È JOUR

Grand Saint Michel Archange, qui aimez Dieu pour ce qu'Il est, libérez-nous de notre pesanteur intérieure qui nous empêche de nous élever à notre plus haute dimension. Donnez-nous de vivre l'expérience sensible de l'amour mystique de Dieu. Que notre cœur se dilate et que tombent nos cloisons pour faire place à l'amour de Dieu en nous. Faites—nous habiter par ce mouvement d'amour le reste de notre vie. Amen.

Prière au Sacré-Cœur de Jésus
Demande
Confiant en l'intercession de votre bienheureux Archange Saint Michel, nous vous supplions Seigneur de nous accorder la grâce . . . .
1 Notre Père et 3 Je vous salue Marie.
Prière à Saint Michel

- **« Je sais, je suis certain et je suis sûr, même si je ne sais comment, même si je ne sais quand, Mon Seigneur va me délivrer et j'aurai la victoire au Nom de Jésus. »**

« Moi. (Votre nom) . . . . . . Je choisis d'ouvrir mon cœur et mon esprit volontairement aux faveurs illimitées de Dieu, et aussi je déclare au nom de Jésus, expérimenté l'abondance sous toutes ses formes que Dieu dans son Amour a longtemps réservée pour moi et ma famille. Amen »

Mon fils ne sème pas dans les sillons de l'injustice de crainte de récolter sept fois plus.

38È JOUR

Saint Michel, nous nous refugions sous le bouclier de votre protection, pour avoir la force de nous éloigner du péché. Par votre charité, obtenez-nous de Jésus-Christ de garder sa grâce dans notre âme et notre corps, loin de toute souillure. Amen.

Prière au Sacré-Cœur de Jésus
Demande
Confiant en l'intercession de votre bienheureux Archange Saint Michel, nous vous supplions Seigneur de nous accorder la grâce . . . .
1 Notre Père et 3 Je vous salue Marie.
Prière à Saint Michel

- **« Je sais, je suis certain et je suis sûr, même si je ne sais comment, même si je ne sais quand, Mon Seigneur va me délivrer et j'aurai la victoire au Nom de Jésus. »**

« Moi. (Votre nom) . . . . . . Je choisis d'ouvrir mon cœur et mon esprit volontairement aux faveurs illimitées de Dieu, et aussi je déclare au nom de Jésus, expérimenté l'abondance sous toutes ses formes que Dieu dans son Amour a longtemps réservée pour moi et ma famille. Amen »

Celui qui aime écouter, apprend.

39È JOUR

Saint Michel archange, (qui est fort comme Dieu) vous avez toujours su que le triomphe de Dieu n'est pas douteux quand on sait attendre son heure. Vous avez chassé du ciel Celui qui nous accusait jour et nuit devant la face de Dieu. Guidez-nous dans notre démarche de réussite et de succès. Aidez-nous à chercher des solutions à des problèmes, des réponses à des questions pour améliorer notre vie et celle des autres. Donnez—nous, O Saint Michel, le courage d'accepter notre vulnérabilité et d'assumer nos décisions. Amen.

Prière au Sacré-Cœur de Jésus
Demande
Confiant en l'intercession de votre bienheureux Archange Saint Michel, nous vous supplions Seigneur de nous accorder la grâce . . . .
1 Notre Père et 3 Je vous salue Marie.
Prière à Saint Michel

- **« Je sais, je suis certain et je suis sûr, même si je ne sais comment, même si je ne sais quand, Mon Seigneur va me délivrer et j'aurai la victoire au Nom de Jésus. »**

« Moi. (Votre nom) . . . . . . Je choisis d'ouvrir mon cœur et mon esprit volontairement aux faveurs illimitées de Dieu, et aussi je déclare au nom de Jésus, expérimenté l'abondance sous toutes ses formes que Dieu dans son Amour a longtemps réservée pour moi et ma famille. Amen »

Un mouvement de dépassement pour l'amour de Dieu. Demandez pardon à quelqu'un qui vous a fait du tort et à quelqu'un que vous avez fait du tort.

40È JOUR

Saint Michel, (qui est bon comme Dieu) vous, le premier prince angélique qui avez traité avec bonté les créatures que Dieu vous a confiées, donnez-nous d'être bon, d'être très bon comme disait le saint curé d'Ars. Touchez notre cœur et enlevez toutes les germes de méchanceté et de rancœur. Aidez-nous à bien comprendre que nous n'avons aucune dette envers les autres sinon celle de l'amour de Dieu. Amen.

Prière au Sacré-Cœur de Jésus
Demande
Confiant en l'intercession de votre bienheureux Archange Saint Michel, nous vous supplions Seigneur de nous accorder la grâce . . . .
1 Notre Père et 3 Je vous salue Marie.
Prière à Saint Michel

- **« Je sais, je suis certain et je suis sûr, même si je ne sais comment, même si je ne sais quand, Mon Seigneur va me délivrer et j'aurai la victoire au Nom de Jésus. »**

« Moi. (Votre nom) . . . . . . Je choisis d'ouvrir mon cœur et mon esprit volontairement aux faveurs illimitées de Dieu, et aussi je déclare au nom de Jésus, expérimenté l'abondance sous toutes ses formes que Dieu dans son Amour a longtemps réservée pour moi et ma famille. Amen »

Libère—toi de tout souci de contrôler, de toute susceptibilité. Libère—toi de la jalousie, de la peur de tomber et d'être blessé en t'ouvrant avec prudence à des aventures nouvelles incluant des risques de rejet, à faire confiance à d'autres personnes.

41È JOUR

Saint Michel, Ange de l'unité, vous qui avez calmé la panique créée par le semeur de division et réunifié les neufs chœurs angéliques. Défendez les familles, la société, le monde et l'Église contre ce grand fléau de division. Aidez-nous à comprendre et plus spécialement les auteurs des guerres civiles et militaires, que nous sommes tous « un », que nous appartenions à une seule et même famille humaine, que nous sommes des joueurs dans l'équipe de Dieu, que nous sommes des soldats dans l'armée de Dieu, que désormais nous n'avons rien contre la chair et le sang mais contre les principautés de ce monde de ténèbres. Amen.

Prière au Sacré-Cœur de Jésus
Demande
Confiant en l'intercession de votre bienheureux Archange Saint Michel, nous vous supplions Seigneur de nous accorder la grâce . . . .
1 Notre Père et 3 Je vous salue Marie.
Prière à Saint Michel

- **« Je sais, je suis certain et je suis sûr, même si je ne sais comment, même si je ne sais quand, Mon Seigneur va me délivrer et j'aurai la victoire au Nom de Jésus. »**

« Moi. (Votre nom) . . . . . . Je choisis d'ouvrir mon cœur et mon esprit volontairement aux faveurs illimitées de Dieu, et aussi je déclare au nom de Jésus, expérimenté l'abondance sous toutes ses formes que Dieu dans son Amour a longtemps réservée pour moi et ma famille. Amen »

Plus tu es grand plus il faut t'humilier pour trouver grâce aux yeux du Seigneur.

42è JOUR

Soyez béni, Dieu tout-puissant, pour tous vos bienfaits, vos grâces sur nous et pour la dignité dont vous avez revêtu Saint Michel. Et vous, chef du paradis, très digne représentant de Dieu, défendez devant Dieu la cause de notre salut. Obtenez-nous vos lumières pour connaître notre dignité de chrétien et la garder par une vie vertueuse. Amen.

Prière au Sacré-Cœur de Jésus
Demande
Confiant en l'intercession de votre bienheureux Archange Saint Michel, nous vous supplions Seigneur de nous accorder la grâce . . . .
1 Notre Père et 3 Je vous salue Marie.
Prière à Saint Michel

- **« Je sais, je suis certain et je suis sûr, même si je ne sais comment, même si je ne sais quand, Mon Seigneur va me délivrer et j'aurai la victoire au Nom de Jésus. »**

« Moi. (Votre nom) . . . . . . Je choisis d'ouvrir mon cœur et mon esprit volontairement aux faveurs illimitées de Dieu, et aussi je déclare au nom de Jésus, expérimenté l'abondance sous toutes ses formes que Dieu dans son Amour a longtemps réservée pour moi et ma famille. Amen »

Celui qui est généreux prospèrera, celui qui abreuve les autres sera abreuvé.

43ᴱ JOUR

Grand Saint Michel Archange, Général de l'armée céleste, faites de nous de bons soldats toujours de service 24/24 heures et toujours prêts à secourir les faibles et les laissés-pour-compte. Amen.

Prière au Sacré-Cœur de Jésus
Demande
Confiant en l'intercession de votre bienheureux Archange Saint Michel, nous vous supplions Seigneur de nous accorder la grâce . . . .
1 Notre Père et 3 Je vous salue Marie.
Prière à Saint Michel

- **« Je sais, je suis certain et je suis sûr, même si je ne sais comment, même si je ne sais quand, Mon Seigneur va me délivrer et j'aurai la victoire au Nom de Jésus. »**

« Moi. (Votre nom) . . . . . . Je choisis d'ouvrir mon cœur et mon esprit volontairement aux faveurs illimitées de Dieu, et aussi je déclare au nom de Jésus, expérimenté l'abondance sous toutes ses formes que Dieu dans son Amour a longtemps réservée pour moi et ma famille. Amen »

Confesse—toi à cœur ouvert, vulnérable et humble. Libre pour accuser des mauvais choix qui affectent ta vie et celle des autres directement ou indirectement.

44È JOUR

Grand Saint Michel Archange, Terreur des démons, Vainqueur de Satan, venez à notre secours dans la lutte contre nos défauts et les mauvais habitudes qui influencent notre vie de toute part. Aidez-nous à vaincre nos tentations et à mener le bon combat avec persévérance et confiance pour notre plus grand bien. Amen.

Prière au Sacré-Cœur de Jésus
Demande
Confiant en l'intercession de votre bienheureux Archange Saint Michel, nous vous supplions Seigneur de nous accorder la grâce . . . .
1 Notre Père et 3 Je vous salue Marie.
Prière à Saint Michel

- **« Je sais, je suis certain et je suis sûr, même si je ne sais comment, même si je ne sais quand, Mon Seigneur va me délivrer et j'aurai la victoire au Nom de Jésus. »**

« Moi. (Votre nom) . . . . . Je choisis d'ouvrir mon cœur et mon esprit volontairement aux faveurs illimitées de Dieu, et aussi je déclare au nom de Jésus, expérimenté l'abondance sous toutes ses formes que Dieu dans son Amour a longtemps réservée pour moi et ma famille. Amen »

Découvre tes croyances incompatibles qui heurtent à la réalisation de tes désirs dans quelque soit l'aspect de ta vie. Découvre tes vérités, tes logiques qui ne sont pas en accord avec ce que tu recherches. Maintenant relâche tes idées fixes, pour absorber comme une éponge l'infinie possibilité qui est déjà en Dieu, lui qui voit et connait tout.

45È JOUR

Saint Michel Archange, Humble serviteur de Dieu, honnête et fidèle à votre créateur, faites que notre cœur n'envie point celui qui fait le mal, mais qu'il reste toujours dans la crainte de Dieu. Car il existe un avenir et notre espérance ne sera pas anéantie. Amen.

Prière au Sacré-Cœur de Jésus
Demande
Confiant en l'intercession de votre bienheureux Archange Saint Michel, nous vous supplions Seigneur de nous accorder la grâce ....
1 Notre Père et 3 Je vous salue Marie.
Prière à Saint Michel

- **« Je sais, je suis certain et je suis sûr, même si je ne sais comment, même si je ne sais quand, Mon Seigneur va me délivrer et j'aurai la victoire au Nom de Jésus. »**

« Moi. (Votre nom) ...... Je choisis d'ouvrir mon cœur et mon esprit volontairement aux faveurs illimitées de Dieu, et aussi je déclare au nom de Jésus, expérimenté l'abondance sous toutes ses formes que Dieu dans son Amour a longtemps réservée pour moi et ma famille. Amen »

Libère—toi de toute colère, tension, stress, migraine ; en réclamant de toi le calme, et pratiquant la relaxation.

46È JOUR

Saint Michel Archange, qui avez fait l'apostolat auprès des anges. ô saint Archange, nous voulons nous laisser séduire par la parole et les promesses de Dieu. « Goutez et voyez que le Seigneur est bon. Heureux celui qui prend refuge en lui. Venez, vous tous qui peinez et ployez sous le poids du fardeau, je vous soulagerai. » Que désormais nous soyons en paix et tranquille toute notre vie. Amen

Prière au Sacré-Cœur de Jésus
Demande
Confiant en l'intercession de votre bienheureux Archange Saint Michel, nous vous supplions Seigneur de nous accorder la grâce . . . .
1 Notre Père et 3 Je vous salue Marie.
Prière à Saint Michel

- **« Je sais, je suis certain et je suis sûr, même si je ne sais comment, même si je ne sais quand, Mon Seigneur va me délivrer et j'aurai la victoire au Nom de Jésus. »**

« Moi. (Votre nom) . . . . . . Je choisis d'ouvrir mon cœur et mon esprit volontairement aux faveurs illimitées de Dieu, et aussi je déclare au nom de Jésus, expérimenté l'abondance sous toutes ses formes que Dieu dans son Amour a longtemps réservée pour moi et ma famille. Amen »

Ne sois pas hésitant dans la prière, et ne néglige pas de faire l'aumône.

47È JOUR

Saint Michel Archange, défendez-nous dans le combat afin que nous ne périssions pas au jour du redoutable jugement. Prince très glorieux souvenez-vous de nous et priez le fils de Dieu pour nous, partout et toujours. Quand vous combattiez le dragon on entendit du ciel la voix de ceux qui disaient « Salut, honneur et gloire au Dieu tout puissant! » La mer se souleva, la terre tremble, quand vous descendîtes du ciel. Venez au secours du peuple de Dieu. Amen.

Prière au Sacré-Cœur de Jésus
Demande
Confiant en l'intercession de votre bienheureux Archange Saint Michel, nous vous supplions Seigneur de nous accorder la grâce . . . .
1 Notre Père et 3 Je vous salue Marie.
Prière à Saint Michel

- **« Je sais, je suis certain et je suis sûr, même si je ne sais comment, même si je ne sais quand, Mon Seigneur va me délivrer et j'aurai la victoire au Nom de Jésus. »**

« Moi. (Votre nom) . . . . . . Je choisis d'ouvrir mon cœur et mon esprit volontairement aux faveurs illimitées de Dieu, et aussi je déclare au nom de Jésus, expérimenté l'abondance sous toutes ses formes que Dieu dans son Amour a longtemps réservée pour moi et ma famille. Amen »

Eloigne—toi de l'injustice et elle s'écartera de toi.

48È JOUR

Saint Michel Archange, Notre soutien dans la lutte contre le mal, voyez le combat acharné et continuel que les forces du mal érigent contre les enfants de Dieu. Imprégnez dans notre cœur le désir de faire ce qui est bien et le plan de vivre dans l'amour et la fidélité. Que désormais nous nous ouvrions à l'excellence du plan de Dieu pour nous. Qu'Il dirige notre esprit et nos pensées selon sa volonté. Amen.

Prière au Sacré-Cœur de Jésus
Demande
Confiant en l'intercession de votre bienheureux Archange Saint Michel, nous vous supplions Seigneur de nous accorder la grâce . . . .
1 Notre Père et 3 Je vous salue Marie.
Prière à Saint Michel

- **« Je sais, je suis certain et je suis sûr, même si je ne sais comment, même si je ne sais quand, Mon Seigneur va me délivrer et j'aurai la victoire au Nom de Jésus. »**

« Moi. (Votre nom) . . . . . . Je choisis d'ouvrir mon cœur et mon esprit volontairement aux faveurs illimitées de Dieu, et aussi je déclare au nom de Jésus, expérimenté l'abondance sous toutes ses formes que Dieu dans son Amour a longtemps réservée pour moi et ma famille. Amen »

Le don du Seigneur reste fidèle aux hommes pieux et sa bienveillance les conduira à jamais.

49È JOUR

Archange Saint Michel, qui avez pour mission de recueillir nos prières ; de diriger nos combats et de peser nos âmes ; nous rendons hommage à votre beauté, si semblable à celle de Dieu ; qu'auprès du Verbe éternel aucun autre esprit céleste, ne vous est comparable à votre volonté harmonieusement unie à celle du cœur immaculé de Marie ; pour le bien de l'homme. Défendez-nous contre les ennemis de notre âme et de notre corps. Rendez—nous sensibles le réconfort de votre assistance invisible. Amen.

Prière au Sacré-Cœur de Jésus
Demande
Confiant en l'intercession de votre bienheureux Archange Saint Michel, nous vous supplions Seigneur de nous accorder la grâce ....
1 Notre Père et 3 Je vous salue Marie.
Prière à Saint Michel

- **« Je sais, je suis certain et je suis sûr, même si je ne sais comment, même si je ne sais quand, Mon Seigneur va me délivrer et j'aurai la victoire au Nom de Jésus. »**

« Moi. (Votre nom) ...... Je choisis d'ouvrir mon cœur et mon esprit volontairement aux faveurs illimitées de Dieu, et aussi je déclare au nom de Jésus, expérimenté l'abondance sous toutes ses formes que Dieu dans son Amour a longtemps réservée pour moi et ma famille. Amen »

Reconnais tes refoulements, les mauvais songes, les obsessions, les idées contraires à la réalisation de tes objectifs. Neutralise—les. Reprends le gouvernail de ta vie par concentration sur les idées que tu veux faire dominer tes pensées.

50È JOUR

Saint Michel dont la prière conduit au bien, voyez nos besoins pressants qui nous stressent. Libérez nous de l'incertitude, de l'impatience. Dirigez notre esprit vers les montagnes de grâce du Seigneur, d'où viendra notre secours. Lui qui a fait le ciel et la terre. Amen.

Prière au Sacré-Cœur de Jésus
Demande
Confiant en l'intercession de votre bienheureux Archange Saint Michel, nous vous supplions Seigneur de nous accorder la grâce . . . .
1 Notre Père et 3 Je vous salue Marie.
Prière à Saint Michel

- **« Je sais, je suis certain et je suis sûr, même si je ne sais comment, même si je ne sais quand, Mon Seigneur va me délivrer et j'aurai la victoire au Nom de Jésus. »**

« Moi. (Votre nom) . . . . . . Je choisis d'ouvrir mon cœur et mon esprit volontairement aux faveurs illimitées de Dieu, et aussi je déclare au nom de Jésus, expérimenté l'abondance sous toutes ses formes que Dieu dans son Amour a longtemps réservée pour moi et ma famille. Amen »

Tout est possible à celui qui croit.

51È JOUR

Incliné profondément devant vous, Saint Michel, représentant de Dieu sur terre et notre protecteur, nous vous rendons grâce de tous vos bienfaits et de nous avoir délivrés des dangers spirituels et corporels. A vous nous nous confions pour être conduits avec sagesse et parvenir au salut éternel. Amen.

Prière au Sacré-Cœur de Jésus
Demande
Confiant en l'intercession de votre bienheureux Archange Saint Michel, nous vous supplions Seigneur de nous accorder la grâce . . . .
1 Notre Père et 3 Je vous salue Marie.
Prière à Saint Michel

- **« Je sais, je suis certain et je suis sûr, même si je ne sais comment, même si je ne sais quand, Mon Seigneur va me délivrer et j'aurai la victoire au Nom de Jésus. »**

« Moi. (Votre nom) . . . . . . Je choisis d'ouvrir mon cœur et mon esprit volontairement aux faveurs illimitées de Dieu, et aussi je déclare au nom de Jésus, expérimenté l'abondance sous toutes ses formes que Dieu dans son Amour a longtemps réservée pour moi et ma famille. Amen »

J'espère dans le Seigneur, je suis fort de la force du Seigneur, je garde courage et j'ai confiance.

52È JOUR

Grand Saint Michel Archange, qui êtes le miroir de Dieu, formez notre caractère pour que puissions vivre humainement les habitudes de la trinité. Nous voulons donner pleine liberté à Dieu de travailler sans repos dans tous les aspects de notre vie ; afin qu'une fois libérés et guéris nous lui soyons totalement semblables. Amen

Prière au Sacré-Cœur de Jésus
Demande
Confiant en l'intercession de votre bienheureux Archange Saint Michel, nous vous supplions Seigneur de nous accorder la grâce . . . .
1 Notre Père et 3 Je vous salue Marie.
Prière à Saint Michel

- **« Je sais, je suis certain et je suis sûr, même si je ne sais comment, même si je ne sais quand, Mon Seigneur va me délivrer et j'aurai la victoire au Nom de Jésus. »**

« Moi. (Votre nom) . . . . . . Je choisis d'ouvrir mon cœur et mon esprit volontairement aux faveurs illimitées de Dieu, et aussi je déclare au nom de Jésus, expérimenté l'abondance sous toutes ses formes que Dieu dans son Amour a longtemps réservée pour moi et ma famille. Amen »

C'est chose facile aux yeux du Seigneur, rapidement en un instant d'enrichir un pauvre.

53È JOUR

Saint Michel Archange, nous vous remercions de libérer notre vie des entraves du passé et du présent et d'ouvrir notre cœur à la vérité des promesses de Dieu pour aujourd'hui. Que le sang de l'Agneau nous purifie et nous rende tout neufs. Nous déclarons en toute confiance et assurance que notre vie ne sera plus la même désormais au nom de Jésus. Amen.

Prière au Sacré-Cœur de Jésus
Demande
Confiant en l'intercession de votre bienheureux Archange Saint Michel, nous vous supplions Seigneur de nous accorder la grâce ....
1 Notre Père et 3 Je vous salue Marie.
Prière à Saint Michel

- **« Je sais, je suis certain et je suis sûr, même si je ne sais comment, même si je ne sais quand, Mon Seigneur va me délivrer et j'aurai la victoire au Nom de Jésus. »**

« Moi. (Votre nom) ...... Je choisis d'ouvrir mon cœur et mon esprit volontairement aux faveurs illimitées de Dieu, et aussi je déclare au nom de Jésus, expérimenté l'abondance sous toutes ses formes que Dieu dans son Amour a longtemps réservée pour moi et ma famille. Amen »

54È JOUR

Saint Michel Archange qui assurez la protection de tous les humains, il est dit que nos cheveux sont tous comptés, faites-nous croire sincèrement que rien n'est trop gros ni trop petit pour qu'on ne le demande à Dieu. Que désormais nous le sachions que tous les détails de notre vie sont importants pour Dieu. Vous, Saint Michel, qui êtes soucieux de notre protection, faites surgir le triomphe de Dieu dans tous les recoins de notre vie. Amen.

Prière au Sacré-Cœur de Jésus
Demande
Confiant en l'intercession de votre bienheureux Archange Saint Michel, nous vous supplions Seigneur de nous accorder la grâce . . . .
1 Notre Père et 3 Je vous salue Marie.
Prière à Saint Michel

- **« Je sais, je suis certain et je suis sûr, même si je ne sais comment, même si je ne sais quand, Mon Seigneur va me délivrer et j'aurai la victoire au Nom de Jésus. »**

« Moi. (Votre nom) . . . . . . Je choisis d'ouvrir mon cœur et mon esprit volontairement aux faveurs illimitées de Dieu, et aussi je déclare au nom de Jésus, expérimenté l'abondance sous toutes ses formes que Dieu dans son Amour a longtemps réservée pour moi et ma famille. Amen »

Peu importe ce que tu vois, ce que tu entends, il ne faut jamais perdre l'espoir.

55È JOUR

Saint Michel Archange, l'ange de l'espérance, vous qui attendez avec patience l'établissement du royaume de Dieu sur terre, donnez-nous de régler nos désirs et notre espérance sur les faveurs divines, de laisser la liberté de Dieu se manifester du plus profond de notre être ; afin que Dieu puisse parler et montrer sa justice, être juge et montrer sa victoire dans notre vie. Amen

Prière au Sacré-Cœur de Jésus
Demande
Confiant en l'intercession de votre bienheureux Archange Saint Michel, nous vous supplions Seigneur de nous accorder la grâce . . . .
1 Notre Père et 3 Je vous salue Marie.
Prière à Saint Michel

- **« Je sais, je suis certain et je suis sûr, même si je ne sais comment, même si je ne sais quand, Mon Seigneur va me délivrer et j'aurai la victoire au Nom de Jésus. »**

« Moi. (Votre nom) . . . . . . Je choisis d'ouvrir mon cœur et mon esprit volontairement aux faveurs illimitées de Dieu, et aussi je déclare au nom de Jésus, expérimenté l'abondance sous toutes ses formes que Dieu dans son Amour a longtemps réservée pour moi et ma famille. Amen »

Faites une liste des empreintes du Seigneur dans votre vie. Et ensuite éclatez de joie pour le Seigneur. Car Dieu achève toujours ce qu'Il a commencé.

56È JOUR

Saint Michel, l'Ange qui ne s'est pas dévié des directives de Dieu, donnez-nous d'accueillir nos talents et nos rêves placés en nous par Dieu. Faites-nous grâce d'une forte détermination appuyant sur les promesses de Dieu pour que nous puissions marcher à pieds fermes dans la foi vers la victoire et l'accomplissement. Amen.

Prière au Sacré-Cœur de Jésus
Demande
Confiant en l'intercession de votre bienheureux Archange Saint Michel, nous vous supplions Seigneur de nous accorder la grâce . . . .
1 Notre Père et 3 Je vous salue Marie.
Prière à Saint Michel

- **« Je sais, je suis certain et je suis sûr, même si je ne sais comment, même si je ne sais quand, Mon Seigneur va me délivrer et j'aurai la victoire au Nom de Jésus. »**

« Moi. (Votre nom) . . . . . . Je choisis d'ouvrir mon cœur et mon esprit volontairement aux faveurs illimitées de Dieu, et aussi je déclare au nom de Jésus, expérimenté l'abondance sous toutes ses formes que Dieu dans son Amour a longtemps réservée pour moi et ma famille. Amen »

La sagesse, la science et la connaissance de la loi viennent du Seigneur.

57È JOUR

Saint Michel, par cette gloire dont vous resplendissez parmi les anges et les saints, obtenez—nous de la sainte Trinité, les vertus et les grâces dont nous avons besoin pour arriver au bonheur éternel. Faites que nous déjà sur terre, ne prenions aucune pause de bénir et de louer Dieu ; et que nous vivions humainement l'exemple Trinitaire. Amen.

Prière au Sacré-Cœur de Jésus
Demande
Confiant en l'intercession de votre bienheureux Archange Saint Michel, nous vous supplions Seigneur de nous accorder la grâce . . . .
1 Notre Père et 3 Je vous salue Marie.
Prière à Saint Michel

- **« Je sais, je suis certain et je suis sûr, même si je ne sais comment, même si je ne sais quand, Mon Seigneur va me délivrer et j'aurai la victoire au Nom de Jésus. »**

« Moi. (Votre nom) . . . . . . Je choisis d'ouvrir mon cœur et mon esprit volontairement aux faveurs illimitées de Dieu, et aussi je déclare au nom de Jésus, expérimenté l'abondance sous toutes ses formes que Dieu dans son Amour a longtemps réservée pour moi et ma famille. Amen »

La richesse et la force donnent un cœur assuré; mieux encore la crainte de Dieu, rien ne manque, avec elle on n'a pas à chercher d'appui.

58È JOUR

Saint Michel Archange, fidèle serviteur de Dieu, vous qui avez fait fructifier la grâce de Dieu en nous, merci de nous montrer le chemin. Merci de nous conduire aux bons endroits, aux beaux moments, et aux circonstances de grâce. Nous vous faisons confiance, O Saint Archange, d'exécuter l'excellent plan de Dieu sur notre vie. Rendez—nous dociles au souffle de l'Esprit qui nous conduit. Amen.

Prière au Sacré-Cœur de Jésus
Demande
Confiant en l'intercession de votre bienheureux Archange Saint Michel, nous vous supplions Seigneur de nous accorder la grâce ....
1 Notre Père et 3 Je vous salue Marie.
Prière à Saint Michel

- **« Je sais, je suis certain et je suis sûr, même si je ne sais comment, même si je ne sais quand, Mon Seigneur va me délivrer et j'aurai la victoire au Nom de Jésus. »**

« Moi. (Votre nom) ...... Je choisis d'ouvrir mon cœur et mon esprit volontairement aux faveurs illimitées de Dieu, et aussi je déclare au nom de Jésus, expérimenté l'abondance sous toutes ses formes que Dieu dans son Amour a longtemps réservée pour moi et ma famille. Amen »

Soyez fort dans le Seigneur et dans la puissance de sa force.

59È JOUR

Saint Michel, Glorieux Archange, Défenseur de l'Église militante et triomphante, veuillez avec les neuf chœurs des anges nous garder ainsi que nos familles et ceux qui se sont recommandés à nos prières, afin que moyennant votre secours, nous puissions mener une vie pure et jouir de la contemplation de Dieu éternellement avec vous et avec tous les anges. Amen.

Prière au Sacré-Cœur de Jésus
Demande
Confiant en l'intercession de votre bienheureux Archange Saint Michel, nous vous supplions Seigneur de nous accorder la grâce . . . .
1 Notre Père et 3 Je vous salue Marie.
Prière à Saint Michel

- **« Je sais, je suis certain et je suis sûr, même si je ne sais comment, même si je ne sais quand, Mon Seigneur va me délivrer et j'aurai la victoire au Nom de Jésus. »**

« Moi. (Votre nom) . . . . . . Je choisis d'ouvrir mon cœur et mon esprit volontairement aux faveurs illimitées de Dieu, et aussi je déclare au nom de Jésus, expérimenté l'abondance sous toutes ses formes que Dieu dans son Amour a longtemps réservée pour moi et ma famille. Amen »

Répète cette déclaration pendant une dizaine de fois avec beaucoup de conviction et de foi. N'oubliez de reprendre avec autant de conviction le contrat de confiance que vous avez avec Jésus.

Oui le Seigneur me réserve un lieu sûr au jour du malheur.

60[È] JOUR

Glorieux Archange Saint Michel, grand zélateur de la gloire de Dieu et protecteur de l'Église universelle, vous à qui le Tout-puissant a confié la mission de recevoir les âmes à la sortie du corps pour les présenter au très juste juge, daignez nous secourir dans notre dernier combat, accompagné de notre bon ange gardien ; venez à notre aide et chassez loin de nous tous les esprits infernaux. Ne permettez pas qu'ils nous épouvantent. Fortifiez-nous dans l'espérance et la charité, afin que notre âme portée par vous à son juge soit introduite aussitôt au lieu du repos pour y régner éternellement avec son rédempteur, dans la société des esprits bienheureux. Amen.

Prière au Sacré-Cœur de Jésus
Demande
Confiant en l'intercession de votre bienheureux Archange Saint Michel, nous vous supplions Seigneur de nous accorder la grâce . . . .
1 Notre Père et 3 Je vous salue Marie.
Prière à Saint Michel

- **« Je sais, je suis certain et je suis sûr, même si je ne sais comment, même si je ne sais quand, Mon Seigneur va me délivrer et j'aurai la victoire au Nom de Jésus. »**

« Moi. (Votre nom) . . . . . . Je choisis d'ouvrir mon cœur et mon esprit volontairement aux faveurs illimitées de Dieu, et aussi je déclare au nom de Jésus, expérimenté l'abondance sous toutes ses formes que Dieu dans son Amour a longtemps réservée pour moi et ma famille. Amen »

Au dernier jour quiconque invoquera le nom du Seigneur sera sauvé. La miséricorde se moquera de la justice.

61È JOUR

Saint Michel Archange, vous qui avez aimé inconditionnellement, faites-nous devenir apôtres de la miséricorde et protégez-nous de la tentation de résoudre le problème du mal par le mal. Faites-nous la grâce de ne pas réagir selon nos émotions mal orientées, mais plutôt de prendre le temps nécessaire pour répondre adéquatement sous la motion de l'Esprit Saint. Amen.

Prière au Sacré-Cœur de Jésus
Demande
Confiant en l'intercession de votre bienheureux Archange Saint Michel, nous vous supplions Seigneur de nous accorder la grâce . . . .
1 Notre Père et 3 Je vous salue Marie.
Prière à Saint Michel

- **« Je sais, je suis certain et je suis sûr, même si je ne sais comment, même si je ne sais quand, Mon Seigneur va me délivrer et j'aurai la victoire au Nom de Jésus. »**

« Moi. (Votre nom) . . . . . . Je choisis d'ouvrir mon cœur et mon esprit volontairement aux faveurs illimitées de Dieu, et aussi je déclare au nom de Jésus, expérimenté l'abondance sous toutes ses formes que Dieu dans son Amour a longtemps réservée pour moi et ma famille. Amen »

Même si la bataille s'engage contre moi, je garde confiance.

62È JOUR

Saint Michel Archange, Prince très glorieux du ciel, défendez-nous dans le combat contre les principautés, les puissances, les dominations de ce monde de ténèbres. Défendez-nous contre tous les esprits méchants répandus dans l'air. Venez au secours des hommes que Dieu a fait à sa ressemblance et à l'image de sa propre nature et rachetées à si haut prix de la tyrannie du démon. Amen.

Prière au Sacré-Cœur de Jésus
Demande
Confiant en l'intercession de votre bienheureux Archange Saint Michel, nous vous supplions Seigneur de nous accorder la grâce . . . .
1 Notre Père et 3 Je vous salue Marie.
Prière à Saint Michel

- **« Je sais, je suis certain et je suis sûr, même si je ne sais comment, même si je ne sais quand, Mon Seigneur va me délivrer et j'aurai la victoire au Nom de Jésus. »**

« Moi. (Votre nom) . . . . . . Je choisis d'ouvrir mon cœur et mon esprit volontairement aux faveurs illimitées de Dieu, et aussi je déclare au nom de Jésus, expérimenté l'abondance sous toutes ses formes que Dieu dans son Amour a longtemps réservée pour moi et ma famille. Amen »

Jusqu'à la mort lutte pour la vérité, le Seigneur Dieu combattra pour toi.

63ᴱ JOUR

Saint Michel Archange, honoré prince de la milice des anges, nous vous supplions de prendre notre âme au dernier jour sous votre sainte garde et de la conduire au lieu du rafraichissement de la paix et du repos, où les âmes des saints attendent dans la joie ineffable le jugement à venir et la gloire de la résurrection. Préservez-nous des tentations des démons et des peines de l'enfer. Amen.

Prière au Sacré-Cœur de Jésus
Demande
Confiant en l'intercession de votre bienheureux Archange Saint Michel, nous vous supplions Seigneur de nous accorder la grâce ....
1 Notre Père et 3 Je vous salue Marie.
Prière à Saint Michel

- **« Je sais, je suis certain et je suis sûr, même si je ne sais comment, même si je ne sais quand, Mon Seigneur va me délivrer et j'aurai la victoire au Nom de Jésus. »**

« Moi. (Votre nom) ...... Je choisis d'ouvrir mon cœur et mon esprit volontairement aux faveurs illimitées de Dieu, et aussi je déclare au nom de Jésus, expérimenté l'abondance sous toutes ses formes que Dieu dans son Amour a longtemps réservée pour moi et ma famille. Amen »

Si tu passes par le feu, tu ne souffriras pas et la flamme ne te brûlera pas.

64È JOUR

Grand défenseur du peuple chrétien, Saint Michel Archange, pour remplir dignement la mission qui vous a été confié de défendre l'Église, combattre l'hérésie, exterminer les schismes et confondre l'incrédulité, multipliez vos victoires sur les monstres infernaux qui veulent détruire notre foi. Que l'Église de Jésus-Christ accueille de nouveau fidèles afin qu'elle puisse peupler le ciel d'âmes élues pour la plus grande gloire du divin rédempteur, à qui vous-même devez vos triomphes, vos mérites et votre éternelle félicité. Amen.

Prière au Sacré-Cœur de Jésus
Demande
Confiant en l'intercession de votre bienheureux Archange Saint Michel, nous vous supplions Seigneur de nous accorder la grâce ....
1 Notre Père et 3 Je vous salue Marie.
Prière à Saint Michel

- **« Je sais, je suis certain et je suis sûr, même si je ne sais comment, même si je ne sais quand, Mon Seigneur va me délivrer et j'aurai la victoire au Nom de Jésus. »**

« Moi. (Votre nom) ...... Je choisis d'ouvrir mon cœur et mon esprit volontairement aux faveurs illimitées de Dieu, et aussi je déclare au nom de Jésus, expérimenté l'abondance sous toutes ses formes que Dieu dans son Amour a longtemps réservée pour moi et ma famille. Amen »

Mieux vaut l'homme qui travaille et vit dans l'abondance, que celui qui va se glorifiant et manque de pain

65È JOUR

O vous qui êtes le prince et le porte étendard des bons anges, assistez-nous toujours dans votre bonté et sauvez-nous. Des légions d'anges des ténèbres préservez-nous. Afin que sous votre conduite nous partageons la lumière des bons anges. Devant le trône du juge suprême, soyez notre défenseur, plaidez notre cause et conjurez la colère du juste vengeur. Que par vous, à nos travaux, à notre repos, à nos jours et à nos nuits soit donnée la prospérité; que notre pensée soit toujours prête pour les œuvres de Dieu. Amen.

Prière au Sacré-Cœur de Jésus
Demande
Confiant en l'intercession de votre bienheureux Archange Saint Michel, nous vous supplions Seigneur de nous accorder la grâce ....
1 Notre Père et 3 Je vous salue Marie.
Prière à Saint Michel

- **« Je sais, je suis certain et je suis sûr, même si je ne sais comment, même si je ne sais quand, Mon Seigneur va me délivrer et j'aurai la victoire au Nom de Jésus. »**

« Moi. (Votre nom) ...... Je choisis d'ouvrir mon cœur et mon esprit volontairement aux faveurs illimitées de Dieu, et aussi je déclare au nom de Jésus, expérimenté l'abondance sous toutes ses formes que Dieu dans son Amour a longtemps réservée pour moi et ma famille. Amen »

Seigneur mon Dieu, ta fidélité est une armure, un bouclier

66È JOUR

O glorieux chef du royaume des cieux, rempli de gratitude pour vos bienfaits nous nous réjouissons de vous savoir si grand par la volonté de Dieu. Que tous les peuples de la terre vous reconnaissent pour leur protecteur et vous honorent comme les anges et les saints dans les cieux. Puissions-nous recevoir chaque jour vos bienfaits et obtenir la grâce d'observer toujours la loi de Dieu avec fidélité. Amen.

Prière au Sacré-Cœur de Jésus
Demande
Confiant en l'intercession de votre bienheureux Archange Saint Michel, nous vous supplions Seigneur de nous accorder la grâce . . . .
1 Notre Père et 3 Je vous salue Marie.
Prière à Saint Michel

- **« Je sais, je suis certain et je suis sûr, même si je ne sais comment, même si je ne sais quand, Mon Seigneur va me délivrer et j'aurai la victoire au Nom de Jésus. »**

« Moi. (Votre nom) . . . . . . Je choisis d'ouvrir mon cœur et mon esprit volontairement aux faveurs illimitées de Dieu, et aussi je déclare au nom de Jésus, expérimenté l'abondance sous toutes ses formes que Dieu dans son Amour a longtemps réservée pour moi et ma famille. Amen »

67È JOUR

Saint Michel Archange, Bienfaiteur des peuples qui vous honorent, soyez toujours à nos côtés. Apprenez-nous à vivre en communion incessante de cœur et d'esprit avec le Seigneur, en paix avec nos frères et sœurs. Présentez à Dieu nos humbles prières et supplications. Priez avec nous et priez pour nous, soutenez-nous. Amen.

Prière au Sacré-Cœur de Jésus
Demande
Confiant en l'intercession de votre bienheureux Archange Saint Michel, nous vous supplions Seigneur de nous accorder la grâce ....
1 Notre Père et 3 Je vous salue Marie.
Prière à Saint Michel

- **« Je sais, je suis certain et je suis sûr, même si je ne sais comment, même si je ne sais quand, Mon Seigneur va me délivrer et j'aurai la victoire au Nom de Jésus. »**

« Moi. (Votre nom) ...... Je choisis d'ouvrir mon cœur et mon esprit volontairement aux faveurs illimitées de Dieu, et aussi je déclare au nom de Jésus, expérimenté l'abondance sous toutes ses formes que Dieu dans son Amour a longtemps réservée pour moi et ma famille. Amen »

Si vous n'hésitez pas dans votre cœur, ce que vous demandez, vous sera manifesté.

68È JOUR

Saint Michel, Ange de la prière, vous qui vous tenez debout à la droite de l'autel pour offrir le saint sacrifice avec le prêtre, nous vous prions avec confiance d'agréer nos désirs les plus brûlants et même ceux les plus cachés qui ne sont pas à l'encontre de l'amour. Donnez-nous une foi sereine et solide qui nous permet déjà de voir et de croire sans hésitation ce que nous avons demandé. Amen.

Prière au Sacré-Cœur de Jésus
Demande
Confiant en l'intercession de votre bienheureux Archange Saint Michel, nous vous supplions Seigneur de nous accorder la grâce . . . .
1 Notre Père et 3 Je vous salue Marie.
Prière à Saint Michel

- **« Je sais, je suis certain et je suis sûr, même si je ne sais comment, même si je ne sais quand, Mon Seigneur va me délivrer et j'aurai la victoire au Nom de Jésus. »**

« Moi. (Votre nom) . . . . . . Je choisis d'ouvrir mon cœur et mon esprit volontairement aux faveurs illimitées de Dieu, et aussi je déclare au nom de Jésus, expérimenté l'abondance sous toutes ses formes que Dieu dans son Amour a longtemps réservée pour moi et ma famille. Amen »

De toute ton âme crains le Seigneur et révère ses prêtres. (Si 7:29)

69È JOUR

Saint Michel Archange, Gardien et patron de l'Église, voyez aujourd'hui l'Église du Christ, contestée, critiquée par les forces du mal. Venez à son secours. Soutenez le Saint Père, le Pape et tous les fidèles en communion avec lui. Éclairez ceux qui doutent et chancellent. Protégez tous ceux qui ont reçu le sacrement de l'Ordre. Ceux qui sont victimes de scandale, fortifiez leur pas sur la route du salut. Purifiez l'Église de toute insanité au cours de son pèlerinage. Rendez-la forte et unie. Fortifiez notre foi en elle et notre amour pour elle. Car les portes de l'enfer ne prévaudront jamais contre elle. Amen.

Prière au Sacré-Cœur de Jésus
Demande
Confiant en l'intercession de votre bienheureux Archange Saint Michel, nous vous supplions Seigneur de nous accorder la grâce ....
1 Notre Père et 3 Je vous salue Marie.
Prière à Saint Michel

- **« Je sais, je suis certain et je suis sûr, même si je ne sais comment, même si je ne sais quand, Mon Seigneur va me délivrer et j'aurai la victoire au Nom de Jésus. »**

« Moi. (Votre nom) ...... Je choisis d'ouvrir mon cœur et mon esprit volontairement aux faveurs illimitées de Dieu, et aussi je déclare au nom de Jésus, expérimenté l'abondance sous toutes ses formes que Dieu dans son Amour a longtemps réservée pour moi et ma famille. Amen »

Si Dieu est pour moi, qui sera contre moi?

70È JOUR

Saint Michel Archange, chef de la milice angélique, délivrez-nous des mains de nos ennemis, de faux témoins, des mauvaises langues, des discordes. Délivrez nos familles, notre pays, notre Église de toute calamité, des maladies et de tous les maux pernicieux que l'ennemi suscite pour nuire à notre âme. Amen

Prière au Sacré-Cœur de Jésus
Demande
Confiant en l'intercession de votre bienheureux Archange Saint Michel, nous vous supplions Seigneur de nous accorder la grâce ....
1 Notre Père et 3 Je vous salue Marie.
Prière à Saint Michel

- **« Je sais, je suis certain et je suis sûr, même si je ne sais comment, même si je ne sais quand, Mon Seigneur va me délivrer et j'aurai la victoire au Nom de Jésus. »**

« Moi. (Votre nom) ...... Je choisis d'ouvrir mon cœur et mon esprit volontairement aux faveurs illimitées de Dieu, et aussi je déclare au nom de Jésus, expérimenté l'abondance sous toutes ses formes que Dieu dans son Amour a longtemps réservée pour moi et ma famille. Amen »

Le Seigneur est le rempart de ma vie devant qui tremblerais-je?

71È JOUR

Saint Michel Archange, vous qui, à toutes les secondes, introduisez dans la lumière éternelle les âmes qui quittent cette terre d'exil, soyez auprès des agonisants qui livrent le dernier combat contre le prince du mensonge et du mal qui voudrait les entraîner dans l'abîme. Avec la Vierge Marie, Soyez auprès de nous pour nous assister à l'heure du grand passage vers l'éternité. Présentez notre âme au Dieu de miséricorde et d'amour. Amen.

Prière au Sacré-Cœur de Jésus
Demande
Confiant en l'intercession de votre bienheureux Archange Saint Michel, nous vous supplions Seigneur de nous accorder la grâce ....
1 Notre Père et 3 Je vous salue Marie.
Prière à Saint Michel

- **« Je sais, je suis certain et je suis sûr, même si je ne sais comment, même si je ne sais quand, Mon Seigneur va me délivrer et j'aurai la victoire au Nom de Jésus. »**

« Moi. (Votre nom) ...... Je choisis d'ouvrir mon cœur et mon esprit volontairement aux faveurs illimitées de Dieu, et aussi je déclare au nom de Jésus, expérimenté l'abondance sous toutes ses formes que Dieu dans son Amour a longtemps réservée pour moi et ma famille. Amen »

Répète cette déclaration autant de fois possible par jour. Fais la devenir un refrain de ta journée.

Ne sois pas comme un lion à la maison et un lâche avec tes amis

72È JOUR

Grand Saint Michel Archange qui avez défendu les âmes rachetées par l'agneau, protégez—nous de l'environnement mauvais afin que nous ne soyons point infestés par l'impiété. Donnez-nous la grâce d'une foi ferme et inébranlable comme un rocher, une foi enflammée comme le buisson ardent qui ne peut s'éteindre, une foi calme et sereine dans toutes les difficultés et les épreuves de la vie. Amen.

Prière au Sacré-Cœur de Jésus
Demande
Confiant en l'intercession de votre bienheureux Archange Saint Michel, nous vous supplions Seigneur de nous accorder la grâce . . . .
1 Notre Père et 3 Je vous salue Marie.
Prière à Saint Michel

- **« Je sais, je suis certain et je suis sûr, même si je ne sais comment, même si je ne sais quand, Mon Seigneur va me délivrer et j'aurai la victoire au Nom de Jésus. »**

« Moi. (Votre nom) . . . . . . Je choisis d'ouvrir mon cœur et mon esprit volontairement aux faveurs illimitées de Dieu, et aussi je déclare au nom de Jésus, expérimenté l'abondance sous toutes ses formes que Dieu dans son Amour a longtemps réservée pour moi et ma famille. Amen »

On peut toujours faire confiance à Dieu car il a toujours raison.

73è JOUR

Saint Michel, Ange de la grâce, vous qui avez assisté Jésus au désert et au jardin des oliviers quand son humanité semblait défaillir et qui l'avez réconforté. Accordez-nous toutes les grâces compatibles à la satisfaction de nos désirs spirituels et temporaires. Soyez pour nous le gardien de ces grâces, protégez-les et faites-les fructifier en nous. Amen.

Prière au Sacré-Cœur de Jésus
Demande
Confiant en l'intercession de votre bienheureux Archange Saint Michel, nous vous supplions Seigneur de nous accorder la grâce . . . .
1 Notre Père et 3 Je vous salue Marie.
Prière à Saint Michel

- **« Je sais, je suis certain et je suis sûr, même si je ne sais comment, même si je ne sais quand, Mon Seigneur va me délivrer et j'aurai la victoire au Nom de Jésus. »**

« Moi. (Votre nom) . . . . . . Je choisis d'ouvrir mon cœur et mon esprit volontairement aux faveurs illimitées de Dieu, et aussi je déclare au nom de Jésus, expérimenté l'abondance sous toutes ses formes que Dieu dans son Amour a longtemps réservée pour moi et ma famille. Amen »

Il n'y a pas de condamnation pour celui qui est dans le Christ Jésus.

74È JOUR

Saint Michel, protecteur de l'Église universelle, nous vous supplions d'affaiblir et de décourager les puissances de l'enfer qui n'ont cessé de causer ennui à l'Église. À vous que Dieu a confié le soin de conduire les âmes aux célestes demeures, donnez à tous les fidèles chrétiens la grâce de vivre une vie pleine de croissance et d'excellence en Dieu. Amen.

Prière au Sacré-Cœur de Jésus
Demande
Confiant en l'intercession de votre bienheureux Archange Saint Michel, nous vous supplions Seigneur de nous accorder la grâce . . . .
1 Notre Père et 3 Je vous salue Marie.
Prière à Saint Michel

- **« Je sais, je suis certain et je suis sûr, même si je ne sais comment, même si je ne sais quand, Mon Seigneur va me délivrer et j'aurai la victoire au Nom de Jésus. »**

« Moi. (Votre nom) . . . . . . Je choisis d'ouvrir mon cœur et mon esprit volontairement aux faveurs illimitées de Dieu, et aussi je déclare au nom de Jésus, expérimenté l'abondance sous toutes ses formes que Dieu dans son Amour a longtemps réservée pour moi et ma famille. Amen »

Je ferai confiance en toutes circonstances à Dieu et à moi.

75è JOUR

Grand Prince de l'armée du ciel, Saint Michel qui avez réduit à l'impuissance le chef des anges révoltés et anéanti l'impie qui s'est dressé contre le Dieu Vivant, Saint et Fort, fais-nous vaincre nos peurs et réduit à néant les suggestions de pensées maléfiques. Amen.

Prière au Sacré-Cœur de Jésus
Demande
Confiant en l'intercession de votre bienheureux Archange Saint Michel, nous vous supplions Seigneur de nous accorder la grâce ....
1 Notre Père et 3 Je vous salue Marie.
Prière à Saint Michel

- **« Je sais, je suis certain et je suis sûr, même si je ne sais comment, même si je ne sais quand, Mon Seigneur va me délivrer et j'aurai la victoire au Nom de Jésus. »**

« Moi. (Votre nom) ...... Je choisis d'ouvrir mon cœur et mon esprit volontairement aux faveurs illimitées de Dieu, et aussi je déclare au nom de Jésus, expérimenté l'abondance sous toutes ses formes que Dieu dans son Amour a longtemps réservée pour moi et ma famille. Amen »

Et maintenant je me relève la tête devant mes ennemis

76È JOUR

Saint Michel Archange, vous que la sainte Église vénère comme son gardien et son protecteur, à vous le Seigneur a confié la mission d'introduire dans la céleste félicité les âmes rachetées, priez donc le Dieu de paix d'écraser Satan sous nos pieds afin qu'il ne puisse plus retenir les hommes dans ses chaînes et nuire à l'Église. Présentez au très haut nos prières, afin que sans tarder, le Seigneur nous fasse miséricorde. Vous-même, saisissez l'antique serpent qui est le Diable ou Satan et jetez-le enchaîner dans l'abîme, pour qu'il ne séduise plus les nations. Amen.

Prière au Sacré-Cœur de Jésus
Demande
Confiant en l'intercession de votre bienheureux Archange Saint Michel, nous vous supplions Seigneur de nous accorder la grâce ....
1 Notre Père et 3 Je vous salue Marie.
Prière à Saint Michel

- **« Je sais, je suis certain et je suis sûr, même si je ne sais comment, même si je ne sais quand, Mon Seigneur va me délivrer et j'aurai la victoire au Nom de Jésus. »**

« Moi. (Votre nom) ...... Je choisis d'ouvrir mon cœur et mon esprit volontairement aux faveurs illimitées de Dieu, et aussi je déclare au nom de Jésus, expérimenté l'abondance sous toutes ses formes que Dieu dans son Amour a longtemps réservée pour moi et ma famille. Amen »

Je mets mon espoir dans le Seigneur, je suis sûr de sa parole.

77È JOUR

Grand Saint Michel Archange, Apôtre très zélé du ciel, faites-nous nourrir un grand désir de notre salut et le zèle pour coopérer à la sanctification et au salut de mon prochain. Aidez-nous à mener le bon combat et à fixer nos yeux sur notre maître et notre Seigneur qui nous motive à aller de l'avant. Amen.

Prière au Sacré-Cœur de Jésus
Demande
Confiant en l'intercession de votre bienheureux Archange Saint Michel, nous vous supplions Seigneur de nous accorder la grâce . . . .
1 Notre Père et 3 Je vous salue Marie.
Prière à Saint Michel

- **« Je sais, je suis certain et je suis sûr, même si je ne sais comment, même si je ne sais quand, Mon Seigneur va me délivrer et j'aurai la victoire au Nom de Jésus. »**

« Moi. (Votre nom) . . . . . . Je choisis d'ouvrir mon cœur et mon esprit volontairement aux faveurs illimitées de Dieu, et aussi je déclare au nom de Jésus, expérimenté l'abondance sous toutes ses formes que Dieu dans son Amour a longtemps réservée pour moi et ma famille. Amen »

Ce que tu cherches te cherche

Garde-toi de ne prononcer aucun mensonge, parce qu'il ne peut rien y laisser de bon.

78^È JOUR

Saint Michel Archange, Ange de la vérité, vous qui avez ébloui l'intelligence des anges par la lumière de la vérité et mis à nu le mensonge honteux du Diable, faites-nous résister à ses assauts et vivre dans la vérité peu importe le prix. Amen.

Prière au Sacré-Cœur de Jésus
Demande
Confiant en l'intercession de votre bienheureux Archange Saint Michel, nous vous supplions Seigneur de nous accorder la grâce . . . .
1 Notre Père et 3 Je vous salue Marie.
Prière à Saint Michel

- **« Je sais, je suis certain et je suis sûr, même si je ne sais comment, même si je ne sais quand, Mon Seigneur va me délivrer et j'aurai la victoire au Nom de Jésus. »**

« Moi. (Votre nom) . . . . . . Je choisis d'ouvrir mon cœur et mon esprit volontairement aux faveurs illimitées de Dieu, et aussi je déclare au nom de Jésus, expérimenté l'abondance sous toutes ses formes que Dieu dans son Amour a longtemps réservée pour moi et ma famille. Amen »

Là deux où trois sont réunis en mon Nom, nous dit Jésus, Je suis là au milieu d'eux. Réunissez en famille, en groupe ou à l'église pour louer Jésus.

79è JOUR

Saint Michel, Ange de la famille, vous qui avez veillé et protégé la sainte famille de Nazareth, daignez assister nos familles en butte à toute sorte de dangers qui sévissent dans le monde. Assurez-nous de votre sainte protection. Libérez les enfants, les parents, les grands parents et alliés de toute emprise satanique. Libérez-nous de la superstition, du syncrétisme, de l'ésotérisme, du sacrilège et de la magie. Faites régner dans nos familles un climat de tolérance et de compréhension mutuelle. Faites-nous la grâce de pouvoir contrôler nos émotions et de rechercher toujours le bien en toutes choses. Amen.

Prière au Sacré-Cœur de Jésus
Demande
Confiant en l'intercession de votre bienheureux Archange Saint Michel, nous vous supplions Seigneur de nous accorder la grâce ....
1 Notre Père et 3 Je vous salue Marie.
Prière à Saint Michel

- **« Je sais, je suis certain et je suis sûr, même si je ne sais comment, même si je ne sais quand, Mon Seigneur va me délivrer et j'aurai la victoire au Nom de Jésus. »**

« Moi. (Votre nom) ...... Je choisis d'ouvrir mon cœur et mon esprit volontairement aux faveurs illimitées de Dieu, et aussi je déclare au nom de Jésus, expérimenté l'abondance sous toutes ses formes que Dieu dans son Amour a longtemps réservée pour moi et ma famille. Amen »

Il n'y a point de honte pour celui qui s'appuie sur Dieu.

80È JOUR

Saint Michel, Ange de la consolation, venez à la rescousse de nos misères comme vous avez tiré des fers de l'esclavage d'Égypte, le peuple Hébreu. Descendez pour nous délivrer physiquement et spirituellement. Donnez-nous la grâce de nous ouvrir à d'autres possibilités et une vive imagination créatrice et surtout la grâce de nous accepter tel que nous sommes. Amen.

Prière au Sacré-Cœur de Jésus
Demande
Confiant en l'intercession de votre bienheureux Archange Saint Michel, nous vous supplions Seigneur de nous accorder la grâce . . . .
1 Notre Père et 3 Je vous salue Marie.
Prière à Saint Michel

- **« Je sais, je suis certain et je suis sûr, même si je ne sais comment, même si je ne sais quand, Mon Seigneur va me délivrer et j'aurai la victoire au Nom de Jésus. »**

« Moi. (Votre nom) . . . . . . Je choisis d'ouvrir mon cœur et mon esprit volontairement aux faveurs illimitées de Dieu, et aussi je déclare au nom de Jésus, expérimenté l'abondance sous toutes ses formes que Dieu dans son Amour a longtemps réservée pour moi et ma famille. Amen »

Croyez et voyez ce que vous demandez est déjà reçu, louez Dieu et bénissez son nom.

81È JOUR

Saint Michel Archange, fidèle adorateur et gardien de l'eucharistie, rendez forte notre dévotion à l'eucharistie. Faites que, comme dit saint Paul « ce n'est plus moi qui vis mais le Christ », nous devenions un ostensoir ambulant rayonnant de la présence de Jésus vivant en nous. Amen.

Prière au Sacré-Cœur de Jésus
Demande
Confiant en l'intercession de votre bienheureux Archange Saint Michel, nous vous supplions Seigneur de nous accorder la grâce . . . .
1 Notre Père et 3 Je vous salue Marie.
Prière à Saint Michel

- **« Je sais, je suis certain et je suis sûr, même si je ne sais comment, même si je ne sais quand, Mon Seigneur va me délivrer et j'aurai la victoire au Nom de Jésus. »**

« Moi. (Votre nom) . . . . . . Je choisis d'ouvrir mon cœur et mon esprit volontairement aux faveurs illimitées de Dieu, et aussi je déclare au nom de Jésus, expérimenté l'abondance sous toutes ses formes que Dieu dans son Amour a longtemps réservée pour moi et ma famille. Amen »

Litanies de Saint Michel

Seigneur, ayez pitié de nous. (bis)
Jésus-Christ, ayez pitié de nous. (bis)
Seigneur, ayez pitié de nous. (bis)
Jésus-Christ, écoutez-nous. (bis)
Jésus-Christ, exaucez-nous. (bis)

Père céleste, qui êtes Dieu, ayez pitié de nous.
Fils, Rédempteur du monde, qui êtes Dieu, ayez pitié de nous.
Esprit Saint, qui êtes Dieu, ayez pitié de nous.
Trinité Sainte, qui êtes un seul Dieu, ayez pitié de nous.
Sainte Mère de Dieu, priez pour nous.
Sainte Marie, Reine des cieux, priez pour nous.
Sainte Marie, Reine des Anges, priez pour nous.
Saint Michel archange, priez pour nous.
Saint Gabriel archange, priez pour nous.
Saint Raphaël archange, priez pour nous.
Esprits bienheureux des neuf chœurs des anges, priez pour nous.
Saint Michel, hérault du Christ-Roi et de la Reine du Monde, priez pour nous.
Saint Michel, miroir d'humilité, priez pour nous.
Saint Michel, terreur des démons, priez pour nous.
Saint Michel, protecteur et défenseur du saint sacrifice de la Messe, priez pour nous.
Saint Michel, rempli de la Sagesse divine, priez pour nous.
Saint Michel, parfait adorateur du Verbe divin, priez pour nous.
Saint Michel, couronné d'honneur et de gloire, priez pour nous.
Saint Michel, très puissant prince des armées célestes, priez pour nous.
Saint Michel, porte-étendard de la Sainte Trinité, priez pour nous.

Saint Michel, gardien du Paradis, priez pour nous.
Saint Michel, guide et consolateur du peuple d'Israël, priez pour nous.
Saint Michel, splendeur et forteresse de l'Eglise militante, priez pour nous.
Saint Michel, lumière des anges, priez pour nous.
Saint Michel, rempart des orthodoxes, priez pour nous.
Saint Michel, force de ceux qui combattent sous l'étendard de la Croix, priez pour nous.
Saint Michel, lien de la charité fraternelle, priez pour nous.
Saint Michel, lumière et confiance des âmes au terme de leur vie sur terre, priez pour nous.
Saint Michel, secours très assuré, priez pour nous.
Saint Michel, notre aide dans toutes nos adversités, priez pour nous.
Saint Michel, hérault de la sentence éternelle, priez pour nous.
Saint Michel, consolateur des âmes retenues au Purgatoire, priez pour nous.
Saint Michel, que le Seigneur a chargé de recevoir les âmes après la mort, priez pour nous.
Saint Michel, notre prince, priez pour nous.
Saint Michel, notre avocat, priez pour nous.

V. Priez pour nous, ô glorieux saint Michel, prince de l'Église de Jésus-Christ.
R. Afin que nous puissions être dignes de ses promesses.

Prions.

Seigneur Jésus-Christ, sanctifiez-nous par une bénédiction toujours nouvelle et accordez-nous, par l'intercession de saint Michel Archange, cette sagesse qui nous enseigne à amasser des trésors dans le ciel et à échanger les biens du temps contre ceux de l'éternité. Vous qui vivez et régnez, avec le Père, dans l'unité du Saint-Esprit, pour les siècles des siècles. Amen.

Chapelet de Saint Michel Archange

Le chapelet de Saint Michel Archange possède 39 grains. Neuf groupes de trois grains symbolisent les neuf chœurs des anges, séparés à chaque fois par un gros grain. Quatre grains sont regroupés après la médaille. Ce chapelet est issu d'une apparition de Saint Michel Archange à Antonia d'Astoniac où il lui indiqua vouloir être honoré par neuf salutations correspondant aux neuf chœurs des anges, chaque salutation étant composée d'un Notre Père et de trois Je vous salue Marie.

Ce chapelet nous dit que dans sa lutte contre les forces du Mal, Saint Michel compte sur l'aide des 9 chœurs des anges pour remporter la victoire contre Satan, et aussi par l'intercession de la Vierge Marie, surnommée la Reine des Anges.

Saint Michel Archange assura que quiconque prierait ce chapelet avec dévotion et foi avant de recevoir la Sainte Communion serait entouré par un ange de chaque chœur pour l'accompagner à l'autel. Il promit aussi assistance durant la vie et après la mort.

Voici comment le réciter :

Commencer sur la médaille par l'invocation suivante :

« Saint Michel Archange, défendez-nous dans le combat pour que nous ne périssions pas au jour du Jugement. O Dieu, venez à notre aide, Seigneur, hâtez-vous de nous secourir. Gloire au Père, au Fils et au Saint-Esprit, comme il était au commencement, maintenant et toujours et dans les siècles des siècles. AMEN. »

Sur les gros grains se récite le Notre Père.

Sur les petits grains (par groupe de trois), réciter le « Je Vous Salue Marie ».

Avant chacun des neuf gros grains précédant les neuf triplets, réciter une invocation différente :

1. « Par l'intercession de Saint Michel et du Chœur céleste des Séraphins, que le Seigneur daigne nous rendre dignes de la flamme du parfait amour. Ainsi soit-il. »
2. « Par l'intercession de Saint Michel et du Chœur céleste des Chérubins, que le Seigneur veuille nous faire la grâce d'abandonner la voie du péché et d'avancer dans celle de la perfection chrétienne. Ainsi soit-il. »
3. « Par l'intercession de Saint Michel et du Chœur très Saint des Trônes, que le Seigneur infuse dans nos cœurs l'esprit de vraie et sincère humilité. Ainsi soit-il »
4. « Par l'intercession de Saint Michel et du Chœur céleste des Dominations, que le Seigneur nous fasse la grâce de dominer nos sens et de nous libérer de l'esclavage des passions. Ainsi soit-il. »
5. « Par l'intercession de Saint Michel et du Chœur céleste des Puissances, que le Seigneur daigne préserver nos âmes des embûches et des tentations du démon. Ainsi soit-il. »
6. « Par l'intercession de Saint Michel et du Chœur admirable des Vertus Célestes, que le Seigneur ne nous laisse pas succomber à la tentation mais qu'il nous délivre du mal. Ainsi soit-il.»
7. « Par l'intercession de Saint Michel et du Chœur céleste des Principautés, que le Seigneur emplisse nos âmes de l'esprit de vraie et sincère obéissance. Ainsi soit-il. »
8. « Par l'intercession de Saint Michel et du Chœur céleste des Archanges, que le Seigneur nous accorde le don de la persévérance dans la foi et dans les bonnes œuvres pour pouvoir gagner la gloire du paradis. Ainsi soit-il »
9. « Par l'intercession de Saint Michel et du Chœur céleste de tous les Anges, que le Seigneur daigne nous faire la grâce d'être gardés par eux en cette vie mortelle pour être conduits ensuite à la gloire éternelle du ciel. Ainsi soit-il »

Il reste alors les quatre gros grains du début où on récite quatre Notre Père : le 1er en l'honneur de Saint Michel Archange, le 2nd en l'honneur de Saint Gabriel Archange, le 3ème en l'honneur de Saint Raphaël Archange et le 4ème en l'honneur de notre ange gardien ainsi que des 5 autres archanges.

EXORCISME

CONTRE SATAN ET LES ANGES REBELLES
publié par l'ordre du Souverain Pontife Léon XIII

Au nom du Père, et du Fils, et du Saint-Esprit. Amen.

Psaume 67

1. Que Dieu se lève et que ses ennemis soient dispersés ! Et que fuient devant sa Face ceux qui le haïssent !
2. Comme s'évanouit la fumée, qu'ils disparaissent !

Comme fond la cire en face du feu, ainsi périssent les méchants devant la Face de Dieu !

Psaume 34

Juge, Seigneur, ceux qui me nuisent ; combats ceux qui me combattent!
Qu'ils aient honte et soient confus, ceux qui en veulent à ma vie !
Qu'ils reculent et soient confondus, ceux qui méditent mon malheur !
Qu'ils soient comme la poussière face au vent ! et que l'Ange du Seigneur les pourchasse !
Que leur chemin soit ténèbres et glissade ! et que l'Ange du Seigneur les poursuive !
Car sans raison ils ont caché contre moi leur filet de mort ; ils ont fait à mon âme des reproches inconsistants.
Que la perte les surprenne ; que le filet qu'ils ont caché les prenne ; et qu'ils tombent dans leur propre piège !

Et mon âme exultera dans le Seigneur, jubilera en son salut.
Gloire au Père, et au Fils, et au Saint-Esprit !
Comme il était au commencement, maintenant et toujours, et dans tous les siècles des siècles ! Amen !

(Note : cette traduction s'écarte le moins possible du texte qui était sous les yeux de Léon XIII, c'est à dire l'ancien psautier).

Prière à Saint Michel

Très glorieux Prince de l'armée céleste, Saint Michel Archange, défendez-nous dans le combat et la lutte qui est la nôtre contre les Principautés et les Puissances, contre les souverains de ce monde de ténèbres, contre les esprits de malice répandus dans les airs. (EPH. 6, 10-12). Venez en aide aux hommes, que Dieu a créés incorruptibles, et faits à Son image et ressemblance, et rachetés à si haut prix de la tyrannie du démon (Sg. 2, 23—I Cor. 6, 20). Combattez aujourd'hui, avec l'armée des Anges bienheureux, les combats du Seigneur, comme vous avez combattu jadis contre le chef de l'orgueil Lucifer et ses anges rebelles ; et ils n'eurent pas le dessus, et on ne trouva plus leur place dans le ciel. Mais il fut jeté, ce grand dragon, l'antique serpent, celui qu'on appelle diable et Satan, celui qui égare le monde entier ; et il fut jeté sur la terre, et ses anges furent jetés avec lui (AP. 12, 8-9). Voilà que cet antique ennemi et homicide s'est dressé avec véhémence. Déguisé en ange de lumière, avec toute la horde des mauvais esprits, il parcourt et envahit la terre profondément, afin d'y effacer le nom de Dieu et de Son Christ, et de voler, tuer et perdre de la mort éternelle les âmes destinées à la couronne de la gloire éternelle. Le poison de sa malice, comme un fleuve répugnant, le dragon malfaisant le fait couler dans des hommes à l'esprit dépravé et au cœur corrompu ; esprit de mensonge, d'impiété et de blasphème ; et souffle mortel de la luxure et de tous les vices et iniquités. L'Église, épouse de l'Agneau immaculé, des ennemis très rusés l'ont saturée d'amertume et abreuvée d'absinthe ; ils ont porté leurs mains impies sur tout ce qu'elle a de plus précieux. Là où a été établi le Siège du bienheureux Pierre et la Chaire de la Vérité pour la lumière des nations, là ils ont posé le trône de l'abomination de leur impiété ; de sorte qu'en frappant le Pasteur, ils puissent aussi disperser le troupeau.

Soyez donc là, Chef invincible, auprès du peuple de Dieu, contre les assauts des forces spirituelles du mal, et donnez-lui la victoire ! C'est vous que la Sainte Eglise vénère comme son gardien et son patron. Vous qu'elle se fait gloire d'avoir comme défenseur contre les puissances criminelles de la terre et de l'enfer. C'est à vous que le Seigneur a confié les âmes rachetées pour les introduire dans la céleste félicité.

Conjurez le Dieu de paix d'écraser Satan sous nos pieds, afin qu'il ne puisse plus retenir les hommes dans ses chaînes, et nuire à l'Église. Présentez au Très-Haut nos prières, afin que, bien vite, nous préviennent les miséricordes du Seigneur, et que vous saisissiez le dragon, l'antique serpent, qui est le diable et Satan, et que vous le jetiez enchaîné dans l'abîme, en sorte qu'il ne puisse plus jamais séduire les nations (AP. 20,3).

C'est pourquoi, comptant sur votre mainforte et votre protection, de par l'autorité sacrée de notre sainte Mère l'Eglise, nous entreprenons avec confiance et sûreté, au nom de Jésus-Christ, notre Dieu et Seigneur, de repousser les attaques et les ruses du démon.

V. Voici la Croix du Seigneur, fuyez, Puissances ennemies !
R. Il a vaincu, le Lion de la tribu de Juda, le Rejeton de David !
V. Que votre miséricorde, Seigneur s'exerce sur nous !
R. Dans la mesure de notre espérance en vous.
V. Seigneur, exaucez ma prière !
R. Et que mon cri parvienne jusqu'à vous.
V. Le Seigneur soit avec vous.
R. Et avec votre esprit.

Prions

Dieu et Père de Notre Seigneur Jésus-Christ, nous invoquons votre Saint Nom, et nous lançons un appel suppliant à votre bonté : afin que par l'intercession de Marie Immaculée, Mère de Dieu et toujours Vierge, de Saint Michel Archange, de Saint Joseph, Époux de la même Vierge Sainte, des Saints Apôtres Pierre et Paul et de tous les Saints, vous daigniez nous accorder votre secours contre Satan et tous les autres esprits impurs qui rôdent dans le monde pour nuire au genre humain et perdre les âmes. Par le même Christ, Notre Seigneur. Amen !

Exorcisme

Nous t'exorcisons, Esprit immonde, qui que tu sois : Puissance satanique, invasion de l'ennemi infernal, légion, réunion ou secte diabolique, au nom et par la puissance de Notre Seigneur Jésus-Christ. +, sois arraché et chassé de l'Église de Dieu, des âmes créées à l'image de Dieu et rachetées par le précieux sang du divin Agneau Rédempteur +. N'ose plus désormais, perfide serpent, tromper le genre humain, persécuter l'Église de Dieu, ni secouer et cribler comme le froment les élus de Dieu. Il te commande, le Dieu Très-Haut auquel, dans ton fol orgueil, tu prétends encore qu'on t'égale, Lui qui veut que tous les hommes soient sauvés et arrivent à la connaissance de la Vérité (I Tim. 2, 4). Il te commande, Dieu le Père + ; Il te commande, Dieu le Fils + ; Il te commande, Dieu le Saint-Esprit +. Elle te commande, la majesté du Christ, Verbe éternel de Dieu fait chair +, Lui qui, pour le salut de notre race, perdue par ta jalousie, s'est abaissé et rendu obéissant jusqu'à la mort (Phil. 2, 8) ; Lui qui a bâti son Eglise sur la pierre solide, et proclamé que les portes de l'enfer ne prévaudront jamais contre elle, voulant demeurer lui-même avec elle tous les jours, jusqu'à la consommation des siècles (Mt 28, 20). Ils te commandent, le Signe de la Croix +et la vertu de tous les mystères de la foi chrétienne +. Elle te commande, la Très-Haute Mère de Dieu, la Vierge Marie +, elle qui, dès le premier instant de son Immaculée Conception, a écrasé, par son humilité, ta tête folle d'orgueil. Elle te commande, la foi des saints Apôtres Pierre et Paul, et des autres Apôtres +. Ils te commandent, le sang des martyrs et l'affectueuse intercession de tous les saints et saintes +.

Or donc, dragon maudit et toute légion diabolique, nous t'adjurons par le Dieu + Vivant, par le Dieu + Vrai, par le Dieu + Saint, par ce Dieu qui a tant aimé le monde, qu'il lui a donné son Fils unique, afin que quiconque croit en lui ne périsse pas, mais ait la Vie éternelle (Jn 3, 16) : cesse de tromper les créatures humaines et de leur verser le poison de la damnation éternelle ; cesse de nuire à l'Église et de mettre des entraves à sa liberté. Va-t-en, Satan, inventeur et maître de toute tromperie, ennemi du salut des hommes ! Cède la place au Christ, en qui tu n'as rien trouvé de tes œuvres. Cède la place à l'Église, une, sainte, catholique et apostolique, que le Christ lui-même a acquise au prix de son Sang. Humilie-toi sous la puissante main de Dieu. Tremble et fuis, à l'invocation faite par nous du saint et terrible Nom de Jésus, qui fait trembler les enfers ; à qui les Vertus des Cieux, les Puissances et les dominations sont soumises ; que les Chérubins et les Séraphins louent dans un concert inlassable, disant : Saint, Saint, Saint est le Seigneur, le Dieu des Armées.

V. Seigneur, exaucez ma prière.
R. Et que mon cri parvienne jusqu'à Vous.
V. Le Seigneur soit avec vous.
R. Et avec votre esprit.

Prions

Dieu du Ciel, Dieu de la terre, Dieu des Anges, Dieu des Archanges, Dieu des Patriarches, Dieu des Prophètes, Dieu des Apôtres, Dieu des Martyrs, Dieu des Confesseurs, Dieu des Vierges, Dieu qui avez le pouvoir de donner la vie après la mort, le repos après le travail ; parce qu'il n'y a pas d'autre Dieu que Vous, et qu'il ne peut y en avoir si ce n'est Vous, le Créateur de toutes les choses visibles et invisibles, Vous dont le règne n'aura pas de fin ; avec humilité nous supplions votre glorieuse majesté de daigner nous délivrer puissamment et nous garder sains et saufs de tout pouvoir, piège, mensonge et méchanceté des Esprits infernaux. Par Jésus-Christ Notre Seigneur.

R. Amen !

Des embûches du démon, délivrez-nous, Seigneur !

Accordez à votre Église la sécurité et la liberté pour Vous servir : Nous Vous en supplions, écoutez-nous.

Daignez humilier les ennemis de la Sainte Église : Nous vous en supplions, écoutez-nous.

Et l'on asperge le lieu d'eau bénite.

Prière à la Très Sainte Vierge Marie

Auguste Reine des Cieux, Souveraine Maîtresse des Anges, Vous qui, dès le commencement, avez reçu de Dieu le pouvoir et la mission d'écraser la tête de Satan, nous Vous le demandons humblement : envoyez vos légions célestes pour que, sous vos ordres et par votre puissance, elles poursuivent les démons, les combattent partout, répriment leur audace et les refoulent dans l'abîme.

« Qui est comme Dieu ? » O bonne et tendre Mère, Vous serez toujours notre amour et notre espérance! O divine Mère, envoyez les Saints Anges pour me défendre et repousser loin de moi le cruel ennemi!

Saints Anges et Archanges, défendez-nous, gardez-nous!

13 janvier—1547 : Le Concile de Trente déclare que, par une grâce spéciale, Marie est libre de tout péché.

Saint Ange gardien que Dieu, par un effet de sa bonté, a chargé du soin de ma vie, vous qui m'assistez dans mes prières, qui me soutenez dans mes efforts pour une vie meilleure, je vous remercie.

Je me confie aujourd'hui à vous. Je vous demande de me défendre contre mes ennemis, d'éloigner de moi les occasions de pécher, de me rendre docile à vos inspirations, de me bénir, moi et tous ceux que j'aime, de veiller, avec tous les anges de Dieu, sur tous les enfants du Père, mes frères.

Amen.

HYMNE À SAINT MICHEL

O Jésus, Splendeur et vertu du Père
O Jésus, la vie des cœurs

Nous vous louons en union avec les Anges vos serviteurs soumis et obéissants

Un million de princes célestes en rang presse combat pour vous.

Mais Saint Michel portant l'enseigne du Salut, déploie vainqueur l'étendard de la croix.

Il repousse jusqu'au fond de l'enfer la tête féroce du dragon.

Il foudroie et précipite du haut de la cite céleste le chef des révoltes et ses anges rebelles

Contre le maître de l'orgueil, suivons ce prince glorieux afin du trône de l'Agneau nous soit donnée la couronne de gloire.

O Père, ainsi qu'au Fils et à vous Esprit Saint comme il a été que soit toujours gloire éternelle dans tous les siècles. Amen

Prière d'auto—libération par le Sang de Jésus.

Je suis au pied de la croix, à la place ou se trouvait Longin ce malfaiteur à qui ta miséricorde a ouvert les yeux aveugles et je te demande, oh mon Jésus, de me guérir et de me libérer totalement et définitivement. Au pied de la croix, je trouve refuge, je retrouve ma paix intérieure. Sous la croix je trouve victoire. Par ton sang je suis guéri, libéré, transformé. C'est pourquoi d'une confiance sans borne, (en ce moment je me visualise au pied de la croix de Jésus), je m'ouvre entièrement a accueillir la puissance de ta miséricorde et rien d'autre que ton amour passionné dans tout mon être. Verse de ton sang, assez pour me sanctifier, me purifier, me transformer et harmoniser tout mon être avec Dieu. Je te demande de toucher toutes les cellules, tous les organes, tous les systèmes et toutes les composantes de mon corps, tous les aspects de mon corps. Je te demande aussi Seigneur Jésus de verser ton sang dans mon être intérieur, dans mon subconscient, mon inconscient, mon conscient. Verse ton sang dans mon psychè, mon intelligence, ma mémoire, mon imagination, dans toutes les composantes de mon esprit. Une fois que ton sang, ton sang et ton sang versé sur moi sur toutes les parties de mon être je saurai que je suis définitivement libéré en ton saint Nom Seigneur Jésus. Amen

Prière de guérison et de délivrance

Seigneur, Dieu du ciel et de la terre, Tu as créé l'homme et la femme heureux, Tu leur as accordé la vie, et la vie en abondance. Mais l'ennemi jaloux de notre sort n'a jamais cessé de nous causer des ennuis de toutes sortes. Il n'est pas une seule faiblesse, morale ou physique, dont le rusé serpent ne tente de profiter. S'il ne les provoque pas toujours, il semble néanmoins qu'il accentue toutes les maladies. Les démons se nourrissent du mal et de la souffrance, comme les mouches dans les plaies, pour les tourmenter, faire pécher ou pousser le malade au révolte, et lui faire perdre ainsi les mérites qui y sont attachés.

Je te demande, O Père de nous délivrer de tout mal, de toutes maladies et de toutes peines et de toutes sources de mal en nous et en dehors de nous. Père de miséricorde et plein de bonté, dans ton amour tu as regardé la misère de ton peuple et tu es descendu pour le délivrer des mains des pharaons. Dans ta tendresse tu as tellement aimé les hommes que tu leur as donné ton fils unique afin que quiconque croit en lui ne périsse pas, mais ait la vie éternelle.

O Père éternel vous avez choisi un nom si puissant pour votre fils afin qu'au ciel, sur terre et aux enfers tous genoux fléchissent au nom de Jésus.

Père, nous t'aimons et te louons de nous avoir créés à ton image et à ta ressemblance. Nous te prions avec confiance au Nom de Jésus de nous rétablir dans la dignité des enfants de Dieu

Guéris-nous et libère—nous de toutes infirmités et de toutes maladies de toutes sortes. Amen

Prière pour retrouver la paix

Seigneur, Toi qui nous donnes la paix dont le monde ne peut donner, aujourd'hui encore tu nous redis "que la paix soit avec vous".

Les démons qui sont auteurs de trouble n'ont cessé de provoquer et de favoriser des conditions de troubles de toute sorte dans notre vie.

L'ennemi a propagé et enraciné une culture de peur et de traumatisme dans notre société depuis la nuit des temps. Il a voulu nous convaincre et nous inculquer une croyance empoisonnée, à savoir que le mal était plus fort et plus près de nous. Pourtant si Dieu est pour nous qui sera contre nous. Il a cherché à nous distraire de ta présence "Jésus, qui est plus présent à nous que nous le sommes à nous-mêmes". Comme disait saint Augustin : Nous avons découvert la Vérité.

C'est toi Jésus, le Vivant, le fort. Maintes fois tu nous redis "n'aie pas peur".

Tu nous rassures de ta présence, Seigneur."Je serai avec vous" ou "je suis avec vous" tu nous dis sans cesse à travers toute la Bible.

Nous décidons désormais de vivre en toute confiance, en toute circonstance, ta présence vivante dans notre vie, consciemment et inconsciemment.

Toi notre seule Source de vie. Tu es la vigne et nous sommes les sarments.

Nous voulons cette connexion consciente avec toi, Jésus qui nous redonne la paix.

Protège notre relation avec toi, Jésus, notre chemin, notre vérité et notre vie. Amen

Prière de délivrance

Seigneur, Toi dont la puissance est infinie, délivre-nous de tous les maux que nous connaissons et de tous ceux que nous ne connaissons pas.

Toi qui nous vois et nous connait mieux que tout. « Tu nous dis que jusqu'à présent nous n'avons encore rien demandé en ton Nom, demande et tu recevras pour que ta joie soit complète. »

Tu vois notre désir complet d'être libéré et te servir avec un corps et un esprit tout entier dont toi seul mérite y habiter. En ce moment présent je t'appelle Seigneur, réponds-moi, écoute-moi.

Fidèle à ta promesse, O Père, fais que nous puissions déjà jouir en toute confiance ce que tu nous as toujours réservé depuis le commencement. Nous te prions avec confiance au nom de Jésus-Christ dans l'amour de l'Esprit Saint. Amen

Lightning Source UK Ltd.
Milton Keynes UK
UKHW010642070921
390173UK00001B/136